キケロー

キケロー

●人と思想

角田幸彦 著

173

CenturyBooks 清水書院

序文――私とキケローの出会い

本著はキケローの生涯と思想を述べることを通して、キケローの現代的意義を見出そうとするものである。日本の哲学研究・哲学思索は、キケロー抜きで、よりはっきり言えば、不当なキケロー無視でおこなわれてきた。古代哲学研究はもっぱらプラトンとアリストテレスを二大支柱とするギリシア哲学に居を構えていた。また社会哲学、政治哲学という哲学と現実を強く結ぶ問題圏でも、キケローと襟を正して相対することは全くなかった。

キケローは全体的人間であり、「教養の奇蹟」（ペシュル）であり、高い理想とローマの現実を常に対決させかつ結合させた人である。我々が哲学の哲学たる本来のあり方と使命に思いを寄せるなら、キケローに対する関心はもっと大きくなってよい。より積極的に言うなら、ヨーロッパ精神史をプラトンと共に担うこのキケローとの細やかで多角的な対話なしには、日本の哲学は依然として旧態然とした哲学史研究、そして唯々流行思想を追いかけるもの、つまり日常言語分析、現象学、批判理論、構造主義等々に留まったままであろう。古代哲学研究に関しても、ギリシア的なものとローマ的なものの相違をキケローを問うことによってこそ真に把握することができるのである。そしてプラトン、アリストテレスの深さと広さにも、対極者・継承者キケローを視界に入れてこそ生き生きと出会うことができるのである。

キケローはプラトンやアリストテレス、否ギリシア哲学の平板な祖述者であり、諸哲学（諸学派）に出入りした折衷主義者にすぎないといういまだ広く行き亘っているキケロー理解は、すでに大いなる偏見であることが近年漸《ようや》く指摘され始めてきた。本著はこれまでのキケロー貶視を打破せんと努力したつもりである。

我が国では、最近やっとキケロー著作集が翻訳刊行され始めた。しかし、本格的な学術書の体裁をとったキケロー研究書はまだ一冊も顔を見せていない。私はこの小さな紹介書の他に、近々かなり大きなものとなる『キケローにおける哲学と政治――ローマ精神史の中点――』を公刊することにしている。ここ二年、私は『アリストテレス実体論研究』と『景観哲学をめざして――場所に住む・場所を見る・場所へ旅する――』、『景観哲学への歩み――景観・環境・聖なるものの思索――』、そしてこの『キケロー――人と思想』と単独執筆本四冊を上梓することになるが、キケローの目で、キケローを通して、アリストテレスや景観の存在を改めて見つめ直したいと胸中深く思っている。

さて、私とキケローとの出会いについて綴る。御多分に漏れず、私にとってもキケローは、古代哲学研究の道程のなかで一度も真剣な関心とならず、むしろ折衷主義者、独自の思想に到達し得なかった人、哲学よりも現実のローマ政界のなかを泳いだ野心家という受け止め方をされていた。つまり私もキケロー貶価に立っていたのである。

ところが「プラトンとアリストテレスの政治哲学」というテーマで、視界を近・現代の政治哲学まで広げてゆく歩みのなかで、偶々ハンナ＝アーレントの著作が私の目に入ってきた。彼女の『全体主義の起源』、『革命について』、『人間の条件』そして『精神の生活』から、政治を哲学する・哲学的に考えることに、かつて読んだ丸山眞男の諸著作就中《なかんずく》『現代政治の思想と行動』以来の心躍る感銘と展望に満ちた教示を得た。しかしそのことと同時に、否そのこと以上に、アーレントから、ギリシア的なものとは異なり、ギリシアと対立するローマ的なるものとは何かを教わった。ギリシア人の国家や郷土に関する心情と思想はローマ人の政治観とは全く別であることを開示したのが、アーレントの一連の著作であった。『人間の条件』は、どちらかと言えばギリシアのポリスの観念を高く評価しているが、『革命について』や『精神の生活』ではローマの国家観念の独自性が押し出され、ローマ的な発想がギリシアのそれ以上に評価されている。

そして彼女の歯切れのよい哲学・古典文献学的な精細で周到な知識が滲み出ている注記には、何度もキケローへの言及、キケローの著作からの引用が為されていた。キケローを本腰を入れて学ぼうという私の思いは、ひとえにアーレントに育まれたものである。従って、古典文献学の徒とは全く別の道、いわばひょんな出会いで、キケローに辿りついたことになる。

二年前（一九九七年）、私はドイツのマールブルク大学に百日間資料収集のため出掛けた。古典文献学ゼミナールの図書室は居心地のよい勉強部屋であり、かつての領主の方伯の居城を眺めながら机に文献を積み上げたものである。ここで見出したキケロー研究文献は壮観の一言であった。その他にローマ史やローマ国制史についても隣室の書架にたくさんの業績群が並んでおり、日本での私の日々の研究状況の貧弱さが情けなくなった。私は入手可能な文献はほぼ購入することにし、書店で検索してもらい、絶版となっているものは九割方マールブルク大学で複写した。その中にはロシア－ペテルブルク大学のツィーリンスキ教授の名著 Cicero im Wandel der Jahrhunderte があった。この著はキケローをフランス革命のイデオローグたちの原点と解したものである。さらにマールブルクのこの図書室で、キケロー罵倒の大音響を轟かせたモムゼンの伝記四巻と、モムゼン史学を追った二十世紀の研究者の文献にも数冊出会った。前者はまだ入手可能なので購入し、後者の数冊は複写した。本著はモムゼンからキケローを「救済」することを意図したが、十九世紀キケロー像を築き、徹底的にキケロー酷評を打ち上げたノーベル文学賞受賞者モムゼンを、ドイツ十九世紀学問史との関連のもと、彼自身の内面的発展史を踏まえて、いずれ対決的に問う決意も固まっている。

二十世紀そして戦後のキケロー研究は、ヨーロッパでは洪水とまではいかないにせよ、驚くほど多彩で入念な業績群を形作っている。その点、我が日本は全く呑気である。

このマールブルクでは市役所脇の古本屋へよく足を運んだが、ある日『カエサルとキケロー』という一九三〇年代に出版された大著に出会い、購った。ローマ精神史に関する幾冊かの研究書もこの店で手に入れた。

さらにこの年パリへ出掛け、サン－ミッシェルの新刊書店のショー・ウィンドーでキケローのカティリーナ事件をめぐる最新の研究書を見つけて購入した。この経験からそれ以後私は必ず書店のショー・ウィンドーをしっかりのぞくことにしている。それが効を奏して、今年スイスのバーゼルの大きな本屋のショー・ウィンドーに現代の代表的なブルクハルト研究者たちの論集を夜遅くワイン酒場へ入る直前見つけ、翌朝開店と同時に店に入り買い求めた。

先述のパリの新刊書店では今年も出会いがあり、その一冊は公刊して間もないヨエル＝シュミットの『キケロー』であった。この書物は、キケローを青年時代から宗教的心性・宗教的使命の持ち主であると捉えるもので、キケローの政治への熱情も現世的名誉心とは別のものであることを説いたものである。他の一冊はキケロー『予言について』の最新の注釈書で、アルザス＝ミリューズ大学の教授の手になるものであった。

二年前ヴェニスの本屋でもよい研究書を手に入れた。私のヨーロッパ旅行は、景観「観察」という主目的と相俟って、キケロー文献の蒐集も愉しみとなっている。

本著を仕上げるに当たって、モムゼンやカルコピーノのキケロー酷評からキケローを復権させた、否はじめてキケローの真の偉大さを開示したシュトラースブルガー、ビューヒナー、フールマン、ハビヒトというドイツの研究者の書物に甚大な教示を得た。他に本書の文献一覧に集録されているたくさんの参考書に支援された。

キケローの独創性を否定することは、ギリシア哲学史家のツェラー、浩瀚《こうかん》な論理学史で著名なプラントル、ソクラテス以前の哲学者の資料をまとめた古典学者のディールス、ツェラーのよきライバルのウーゼナー、ローマ史のドゥルーマン、同じくモムゼン、哲学者のヘーゲルと十九世紀の錚々たる大家のすべてに行き亘っていた。

今日哲学界ではニーチェやハイデガーの勢いがますます強くなっている。ニーチェやハイデガーの哲学が単に単独者の孤独や反社会・反時代のものではないこと、むしろ人類の運命を深く問い、運命との闘いを奏したものであることは私も承認するところである。また、現代哲学は生命・環境の問題に降下し、テクノロジーの極度の展開による人間の生命、地球そのものの危機の打開を中心として動いてもいる。

しかし、ことばをもち、社会そして国家を造る動物たる人間を、キケローを介して、キケローに連結させて考えることも大切であり、改めてヒューマニズムを問い、構築することをも果たさなければならない。しかもキケローのヒューマニズムはプラトンを継承する宇宙論的射程のものなのである。

二十世紀最大の哲学者ハイデガーは、ギリシア的深遠さがローマ人によって、ローマ人の言語たるラテン語によって損なわれ、平俗になったことを、そしてその元凶はキケローであることを随所で述べている。しかし、果たして彼のこの診断・解釈は正しいであろうか。私は本書でそれに反論もした。

ものごとを簡単に一方の立場から押さえ込まず、意見の多角性、反対の見地をも十分吟味することは、国際的・民族的・宗教的紛争が激発している現在の世界史的状況において、いよいよきちんと心がけられなければならない。このことにとって最も参考になり模範になるのはキケローである。ことばによる競闘・愛の闘いは、ギリシアの哲学者においてではなく、このキケローによって具体化され、実現化されたと私は見ている。

ことばを持つ動物としての人間は、磨くことによってこそその与えられたもの（ことば）を輝やかせることができるのである。キケローの哲学の偉大さと芳香は正しくここに見出される。哲学はもっとことばの問題――概念ではなく――に身を寄せなければならない。これは近世におけるカントに対するハーマンのもつ意義に通ずることである。弁論術を哲学と密接させた、否融合させた人キケローの今日的役割に我々は心すべきである。三木清そして林達夫が、つとに哲学と弁論術の不分離を力説していることが思い起こされる。

キケローを帝政期ローマの哲人セネカそしてギリシアの二大哲学者プラトン、アリストテレスと連動させること、このことが私の今後の哲学的課題の一つである。

さらに一言したい。それは、今日の民主主義・民主政治のもっている問題性をキケローとともに我々はよく考えるべきということである。共和政と民主政との対話こそが今は最も必要なのである。共和政とは何か、そのキケローの把握は本文中に詳論されている。そして哲学は常に自己の時代、自己の社会、自己の国家、さらに国家と世界にたじろぐことなく向かわなければならない。「キケローはローマ人としてローマ市民（civis Romanus）としての課題を決して忘れなかった。彼には生涯を通して哲学的余暇《オーティウム》と政治的任務《ネガティア》をどのように調停するかが問題として残っていた」（ギゴン）。

キケローは単なる哲学者ではなく、その生涯常に同時に政治家であった。このことに鑑みて伝記の部分を大きくしたことを断っておきたい。

本著の校正もいつもどおり妻紀子一人にもっぱら依存した。清水書院の清水幸雄、村山公章両氏にも御世話になった。指定の枚数を大幅に超えてしまった。キケローの生涯と思想を精神史的にふくらますことを村山氏は快く納得してくれた。感謝一杯である。なお、キケローの原典からの訳文は、ほぼ凡て私の訳を用いた。

一九九九年七月三十日　ドイツ＝ヴュルツブルクの修道院にて

東京教育大学名誉教授

故　小牧治先生に捧ぐ

目次

キケローの時代のイタリア

I　キケローの生涯

一　若きキケロー

ローマとギリシアの国家観の違い

ハンナ＝アーレントは、ギリシア人とローマ人とでは、父国（祖国）に関する考え方が全く違っていると指摘する。「ローマ人は特別な場所であるこの一つの都市（ローマ）に結びつけられていた。……実際、土地に根ざしていたのはギリシア人ではなくローマ人であった。〈父国〉ということばの完全な意味はローマの歴史に由来する。政体を創設することは、ギリシア人にとってはごくありふれた経験であったが、ローマ人にとっては自分たちの歴史全体の中心を成す決定的で繰り返すことのできない始まり、一回限りの出来事を意味した」（H＝アーレント『過去と未来の間』引田・斎藤訳、みすず書房、一六三〜四頁）。

ギリシアでは、アテナイ、スパルタ、コリントス、テーバイといった強国も、自国を周辺に拡大し、広大な居住空間をつくろうとする意図はある段階で止まってしまった。ギリシア人は、ポリスの人口が増え、食料が不足してくると、エーゲ海の島々、イオニア地方、南イタリア、シケリア（シシリー）東南部へ植民し、そこに新たに国家が生じることとなった。「汝らが行くところ、汝らがポリスなり」であった。

　これに対し、ローマ人の国家観は根本的に違う。もともとはローマは極めて小さな都市国家であり、イタリア中央部のローマ辺に北方よりやってきたラテン族の一分族であり、テベレ川右岸に集住していた。ローマには七つの丘があり、それぞれ別の小部族がそこに住まっていた。これらが一つとなってローマができたのである。テベレ川左岸より北部はエトルリア人の居住地であった。

二つの父国

　ローマは、近隣のイタリア諸都市国家や諸種族と戦って、国土を次第に拡張していった。がしかし、打ち負かした他国や他種族を完全に自国に吸収し隷属化することはしなかった。勝ち取った国々を自治都市や総督都市という形で支配したのである（分割支配《ディウィデ＝エト＝インペラー》）。「ローマの未曾有の富の源泉は戦争であった」（サルヴィオリ『古代資本主義』）。

　キケロー（マルクス＝トゥッリウス＝キケロー）は紀元前一〇六年一月三日、アルピーヌムで生まれた。アルピーヌムはローマから百キロ離れた内陸にあり、前三〇三年（注：以下年表記は「前」を省略）になって、この町の住民はローマ市民権を得た。しかし、完全にローマ市民となれたわけではなく、アルピーヌムは選挙権のない国家であった。つまりこの国家は、ローマの総督に統治される総督都市であった。この地が完全なローマ市民権を得たのは一八八年、キケローの生まれる八二年前のことである。

　キケローは『法律について』（2・5）のなかで、自治都市《ムーニキピウム》出身の者には二つの父国がある、一

アルピーヌムの近くのキケローの生まれた場所（18世紀のイギリスの風景画家リチャード＝ウィルソンによる）。樫の木の下に立っているのは、キケローとその弟クウィントゥスそしてキケローの親友アッティクス。その後ろの橋を渡ってゆく小島にある改造された農家がキケローの生まれた家。

つは「土地の父国」、他は「法の父国」である、と述べている。前者はアルピーヌム、後者はローマである。無論この二者中、より大きな父国はローマである。ローマの庇護によってアルピーヌムは存在できる。キケロー曰く、法の父国《パトリア・ユーリス》にこそ生命を賭けるべし、と。なおこのキケローの二つの父国の考えは、ストア派の主張した「ひとには二つの父国があり、それは生まれたふるさととコスモポリス（世界）である」に符号すると言ってよい。

キケローの家系

キケローが属する民《ゲーンス》であるトゥッリウスは、アルピーヌムの王の一人に由来するとも言われている。しかし、キケローの家系が「ウォルスキー族の輝ける王として君臨した」とのプルタルコスの所説は、シュトラースブルガーの言うように、全く不確かである。ところで、キケローという家名はもともと「エジプト豆」を意味するキケルからきた。彼の祖先には、鼻の先端に豆の形のいぼがあったからである。

キケローの父方の祖父は、当時流入してきたギリシアの高度に発達した文明、実際的な製陶業、詩文、科学に対してかなり強い拒絶反応を示し、「ローマ人はギリシア語がよくできればできるほど役立たずになる」と語ったとのことである。キケローの祖父だけでなく、ローマ人の抱いたギリシア文化への不信と反撥はあまねく見られるところであった。

キケローの家は、父の代から騎士階級に属するようになった。騎士は貴族の下の階級であり、この下に平民階級《プレーベース》がいた。騎士は元来は重武装兵であったが、戦闘の仕方に大きな変化が生じ、第二次ポエニ戦争（二一八―二〇二）以後、軍事上の地位ではなくなり、ローマの徴税請負業、大土地所有者、商業活動に従事する者、大きな土地の購入をおこなう者たちのこととなった。キケローは、自分の出身階級が徴税請負人であることを、国家の大黒柱を成す階級として誇らしく語っている。

なお、騎士は徴税請負業者と割り切った説明をしている研究者が多いが、そうではない騎士もいた。このところの研究書はキケロー研究の中でも比較的少ないが、ブラントやブライケンが必読である。

先述のごとく、騎士はさまざまの種類の仕事に従事していた。徴税の仕事を嫌い、それを引き受けない騎士も多数いた。この者たちは国から借りた大農園を経営したり、金融業、土地の購入、農地の協同経営を手掛けた。

キケローの父であるが、彼は身体が弱く、ローマの政務官コースの栄達の道、いわゆる顕職の階梯《クルスス・ホノールム》を目指すことを断念し、書斎人として生涯を送った。この父はキケローと弟のクゥィントゥスの教育に熱心で、二人にギリシアの哲学や修辞学（弁論術）を学ばせるためローマへ転居した。父は祖父とは違って、実学中心的な周囲の傾向にあえて逆らって、ギリシアから入ってきた精神文化である詩、修辞、哲学にこそ息子たちの将来がかかっていることを信じて疑わなかった。キケローは、この父なかりせば、豊かな教養人、偉大な学の人、ローマ随一の哲学者になれなかったであろう。

ところで、貴族階級とは、ローマ共和国を司る政務官の官職である監察官、執政官、法務官、属州総督を務めて元老院の議員になった者を家系に持っている人たちであり、もっと厳密には、一家から執政官を出した子孫のことを指して言われる。

新人キケロー

キケローの家系は騎士階級であり、貴族階級ではなかった。騎士階級から政務官職最高位の執政官に上ることは至難の業、ほとんど不可能に近かった。執政官を家系から少なくとも一人出した者はノービレス（nobiles）と言われた。貴族階級の者たちは、執政官をまだ出していない家系から執政官が出ることに嫉妬心を燃やし、反撥した。新人《ホモ・ノウス》が国家の最高官職に就くことはローマを冒瀆することだ、とすら彼らは思っていた。これは歴史家サッルスティウス（八六年頃〜三五年）の伝えるところである。「大多数の貴族は、新人がどんなに卓抜であっても、執政官職を手に入れると嫉妬に燃え、執政官職が汚されたと思ったものである」。なお、プルタルコスは、「ローマ人は家系による名声をもっていないが、自らによって名の知られた者を新人（(ギ)カイノス‐アントローポス）と呼ぶのが習わしで、カトーをそう呼んだ」と書いている。

三六六年のセクティウスからキケローまでの三百年間、計六百名の執政官のうち、新人はわずか十五名（執政官職は延べ二十四回）であった。なお、三六六年から連続六年間、執政官は貴族《パトリキ》と平民《プレーベース》から一人ずつ選ばれた。

キケローの志

キケローは少年の頃から「群を抜く一番で、皆に勝ちたい」（『イーリアス』6・208、11・784　弟への手紙より）という思いに貫かれていた。そして彼にとって政治という活動は、文筆や哲学思索という静謐な生活以上に大切であった。国の政治に関与することこそ人間の徳（『国家について』）であり、キケローの不動の確信であった。彼の志は、彼の勉励の賜である。学ぶことは彼にとって全くの自然体の生き方である。早や二十一歳頃、キケローはクセノフォンの『家政論《オイコノミコス》』をギリシア語からラテン語に訳したのである（『義務について』2・57）。

貴族と執政官につき再述

ここでもう一度貴族という語についてその由来を示す。貴族・貴族たることという語は、「知る」に基づく。つまり「知られていること」という意味が、「貴族たること」として一層限定的に用いられた。ところで、ノービリタース（nobilitas）の定義は、ローマでも必ずしも確立していない。ゲルツァーは「ローマ元老院議員身分の上層」と述べているが、古代の文献にはこの枠づけはない。古い貴族《パトリキー》は、当初十二表法によって平民との通婚が禁じられていたが、その後これが認められた。その結果、富裕な騎士たちが貴族の仲間になっていった。この者たちを特に新貴族《ノービリタース》と言う。

王政を五〇九年に廃止して成立した共和国の最高政務官は執政官（そもそも共和国発足時には法務官が最高位であったが）である。三六六年にはじめて平民出の執政官が出現した。歴史家モムゼンは、「このことによって市民の同等性が達成された」と言っている。しかし平民から執政官になるのは極めて稀である。ただし一七二年の執政官は二人とも平民であった。騎士階級からすら、この地位を手に入れることは容易ではなかった。

なお、パトリキー（patrici）は、ノービレス（nobiles）よりも古い世襲貴族のことを指している。したがって、ノービレスを官職貴族と訳すことも許される。

学ぶ人キケローと修学時代

プルタルコスの『キケロ伝』によると、キケローはプラトンの若い頃と同じく、元来詩作に大きく心が傾いていた。「海のグラウクス」という四脚韻の小品が残っている。ローマ最大の詩人となる可能性も彼は秘めていた。キケローは、法廷弁論家（弁護士）を志望していた。友人や医者は彼の身体が弱いことを心配し、この道を断念することを勧めたが、弁護士に期待される名声がキケローに健康上の不安を解消させたと『ブルートゥス』に書かれている。「弁論から栄光と感謝が最も多く生まれる」（『義務について』2・51)、キケローは後にこう述懐したが、彼はまずその公的生活を法廷弁論から始めようとしたのである。

キケローの父は二人の息子の教育に熱心で、彼らの勉学を容易にするためローマ市内のカリナエに転居する。キケローはほぼ十年間、詩、雄弁、法律、哲学の勉強をする。大変な猛勉ぶりであった。キケローは、哲学をまずストア派の盲目の哲学者ディオドロスに学ぶ。この人物は後にキケローの家に寄宿した。キケローの母の妹の夫は法律に詳しい騎士階級のガイウス＝ウィセッリウス＝アクレオであり、その友人が雄弁家クラッススであった。この人物をキケローは「ローマのデモステネス」と称えている。このクラッススやアントニウス（後のキケローの敵対者の祖父）のもとで、キケローは雄弁術を学ぶ。この二人はギリシア文化を毛嫌いする傾向のまだ強いローマでは慎重にそれを隠しはしていたものの、ギリシアの文芸と哲学を完全にものにしていた。

さらにキケローは、当時八十歳の高齢で、一一七年の執政官を務めたスカエウォラに就いて法律を学ぶ。この老人にキケローは特に私法の手ほどきを受ける。私法については当時きちんとした体系的教育はなされておらず、個別の事例に即して学ぶしかなかった。キケローは後に、法は体系的学問に作り変えられるべしと語っている。

八九年、キケローはグナエウス＝ポンペイウス＝ストラボー（カエサルのライバル、ポンペイウスの父）の軍隊で兵役に服した。当時イタリア同盟市戦争《ベッルム・ソーキアーレ》（ローマに支配されたイタリア諸国のローマへの反旗の翻し）が頂点を迎えていた。翌八八年また勉学への集中が再開される。卜占官《アウグル》スカエウォラの死により、彼の従兄弟の大神祇官スカエウォラの許で法律を学ぶ。

弁論術（修辞学）と哲学

キケローを支え、キケローを一つの個性たらしめた基礎教養は、弁論（修辞）、法律、哲学であったと言ってよい。ただし、後述するところであるが、現実の演説・説得には学科目として修辞《レトリア》ではなく、当意即妙の弁論・雄弁の訓練こそが大切であるとキケローは言っている。法廷における説得力をもつ格調高い表現力、実際の係争を打開する力、現実を洞察する力がキケローを育み、キケローを根底からキケローにした。

およそ凡ての人類の学問はギリシア精神の所産であり、弁論術（修辞学）も例外でない。はじめ、ローマ人はギリシア由来の学問の方向と内容の一切を忠実に継承したにすぎない。ローマでは前二世紀に修辞学の授業は修辞学教師だけでなく、哲学者によっても為されるようになった。ローマの貴族たちの多くは、当時の国際語の役割を担っていたギリシア語を母語のラテン語と同じく流暢に操ることができた。キケローのギリシア語会話力は抜群であった。

しかし、ローマ国内の政争、特にグラックス兄弟（兄、護民官在任一三三年、弟、同一二三、一二二年）を巡っての国内の対立が、ラテン語による修辞学校の創設を促すことになった。これを機に成立したローマ弁論術（修辞学）の完成者がだれあろう、キケローである。

ギリシア哲学は前三世紀にローマの詩人たちによって金言の形で断片的に入ってきた。特に貴族出身の詩人アッピウス＝クラウディウスが重要である。彼にはピタゴラス派の影響が見られる。一五六年ストア派のバビロンのディオゲネス、ペリパトス派のクリトラオス、アカデメイア派のカルネアデスがローマにやってきた。特にカルネアデスがおこなった正義（公平さ）に対する同意と反対の論はローマの若者たちを魅した。

実は、彼らのくる前、エピクロス派の哲学者がローマへきたが、一七三年この派のアルキオスとピリスコスがローマから退去させられた。そして一六一年に元老院は、ギリシアの哲学者全員の国外追放を決めた。とは言うものの、ローマの知識層のギリシア哲学への愛慕には止めることのできないものがあった。

アカデメイアの学頭ラリサのピロンがポントス王ミトリダテスのギリシアへの進攻により、故国を後にせざるを得なくなったのは八八年のことである。この年ストア派のポセイドニオスさらに弁論術教師アポロニオス＝モロンもローマにきた。キケローはピロンと出会い、この貴重な機会を活かし、教えを受けた。この時キケローは十八歳であった。法律を学び始めた年である。このピロンの立場は、絶対的真理は人知の及ばざるところであり、人は最も確実なものに辿りつくだけで十分であることを教えるものである。

ところで、キケロー自身のことばによると、彼が最初に接した哲学者はストア派のディオドロスとエピクロス派のパイドロスであった。十歳から十五歳までの頃であった。パイドロスは五一年に亡くなるまでキケローの友であり、キケローは終始この人物について温かく語っている。しかし、キケローは次第にエピクロス派から遠のく。この学派が「隠れて住むこと」を旨としたからである。

公的世界からの離脱はキケローの承諾できないことであった。しかし、書くことに愉しみを深く感ずるキケローの心性はこの派につながるものがあった。もっともこの派の開祖エピクロスは、「公平であらんがために政治から離れた」とされている。

当時ギリシアには、アカデメイア派、ペリパトス派、エピクロス派、ストア派の四つの学派が鎬《しのぎ》を削っていた。これらの学派は凡て、ヘレニズム期に体系的創造力が弱まり、主に倫理学的問題に集中した。換言すると、彼らは乱世という生きるに困難な時代における生の不安の解消を根本テーマとしたのである。しかし、裏を返せば、この時代は倫理学全盛期と言える。元来、ローマ人はギリシア人と違って、形而上学的原理的な飛翔・問い掛けとは縁なき民族であった。質実で実際的な視界にもっぱら足を置いていた。ただし、厳密に見ると、ギリシア哲学の二巨星プラトン、アリストテレスにおいても、形而上学的体系的問いは根底において善き生き方の反省つまり倫理的問いに支えられていたのである。しかしヘレニズム期の哲学にはプラトンのもつ輝き躍る深さはない。

右の四派中ストア派はローマの貴族階級に浸透していったが、これは、ストア派が国家の公務への参加を否定しなかったからである。この学派とエピクロス派がローマの人心を競う二大哲学学派であった。

しかしながら、貧困層の大幅な権利を確立しようとした所謂「グラックスの改革」——もっともこの兄弟（兄のティベリウスはストア派の哲人クマエのブロッシウスと交際していた）とて貴族出身であり、この者たちは元老院主流から無視された少数派に属するところから、元老院の既得権を握る議員たちに対抗しての自己顕示策として人民を抱き込んで右の改革に向かったのである――以後、ローマの富裕者で、貴族と平民との激しい政争に嫌気がさし、私的生活への避難を旨とするエピクロス派へ身を寄せる者が後をたたなかった。本著の思想の部で述べるが、キケローのエピクロス派への嫌悪は、純理説的な観念によると言うより、彼の時代のエピクロス派への傾動への反撥、特に詩人哲学者ルクレチウスへの対抗によったと言える。

では、キケローはストア派とエピクロス派にいかなる態度をとったか。ローマ人キケローは、ストア派に心の拠り所を見出したかのごとく一見思われるが、そう単純ではない。むしろ彼は、アカデメイア派のピロンに傾倒した。その懐疑的姿勢に彼は賛同したのである。ピロンはストア派への対抗を特に重要視し、懐疑主義に立っていたのである。アカデメイア派は、ピロン以後再び一定の教義を担うところとなったが、ピロン自身は徹底的懐疑を貫いた。法廷弁論家から政界へ打って出たキケローには、ありそうなこと・相対的であることに定位しそこを踏まえた軟らかい真理が尊重された。

キケローは他に、ピロンの弟子のアンティオコスに学んだ。この哲学者は、アカデメイアを懐疑主義から古いアカデメイアへ、換言すると教説主義へ切り換えたのである。エピクロス派のパイドロス、ストア派のディオドロスとも面識をもった。キケローの述懐によると、ディオドロス、ポセイドニオス、ピロンそしてアンティオコスが彼の四人の師である。さらにペリパトス派のスタセアスのことも知っていた。しかし、キケローの哲学を決定的に形成した師はラリサのピロンである。

キケローの教養・自己形成は極めて貴族的なものであり、このことが騎士階級出身のキケローをして貴族中心の元老院支配を守らしめたのである。

ギリシアへ遊学したキケロー

キケローは二十七歳で裕福な家の娘テレンティアと結婚する。そして同七九年、スッラの恐怖政治を恐れ、ギリシアと小アジアへ遊学する。キケローがスッラを恐れたのは次の事情による。

ロスキウス（セクトゥス＝ロスキウス＝アメリーヌス）という若者が独裁者スッラの配下のものから父親殺しで訴えられた。これは濡れ衣であった。実はこの犯行はスッラの解放奴隷クリュソゴヌスによるものであり、この男は、若者を死刑にして若者の父の財産を奪おうとしたのである。この裁判では、高名な弁論家（法廷弁護をおこなう者たち）はスッラを怖がり、だれもこの若者の弁護を引き受けなかった。キケローは勇気をもって弁護を買って出た。そして歯に衣着せぬ弁論でこの訴えを退け、そのうえ訴えた側の真の意図をもはっきりさせたのである。これはキケローにとって最初の法廷弁論であった。

キケローはローマを離れ、弟クゥィントゥスや友人のアッティクスとともに、古典文化の殿堂としてまだ芳香を放っているアテナイへきた。当時のアテナイでアカデメイア派の中心にいたのはアンティオコスであり、彼はカルネアデスやピロンの説く懐疑主義をプラトンからの逸脱として批判していた。キケローはアンティオコスの講義を聴く。アンティオコスはプラトニズムからアリストテレスの教説とストア派の教説が生まれたと主張する。この講義はキケローの受けたラリサのピロンの影響を弱めはしなかったが、アンティオコスから精細な哲学史の知識を修得したのは大変有益であった。キケローは「言葉の流麗にして優雅なことにはアンティオコスに魅せられたが、学説には賛同できなかった」とも言われるが（『プルタルコス英雄伝・キケロ』風間訳）、両者の関係はそう簡単なものではない。アテナイでは、他にエピクロス派のパイドロスとゼノンの講義を時折聴いた。キケローは、パイドロスにはかつてローマでも教わっている。

七八年スッラは死ぬ。キケローはこの報を聞いてもすぐにローマに戻らず、アンティオコスの講筵に列していた。一日も早くローマ政界へ入ることが彼本来の志であったにもかかわらず、彼が帰国しなかった理由は定かではない。本来学問好きのキケローは著名な学者を訪れたり、また古い都市を見たりすることを大きな喜びとしたのであろう。

二　政務官職の道

財務官　財務官（quaestor）はローマ共和政期の政務官序列の最下位である。語源クワエロー（quaero）は調べる・審問するという意味である。この官職に到達しない者はさらなる上級政務官に上れず、元老院議員にもなれなかった（財務官は元来は二名、キケローの時代は八名）。

ここで政務官マギストラートゥスについて寸言する。この語はローマの公職者を指すと同時に、公職そのものも意味した。この語は「より以上」という意味のマギス（magis）から出ている。マギストラートゥスについてE＝マイヤーは、「ローマのマギストラートゥスは国家権力の保持者であり、担い手であって、国家権力を行使する上級者に任命されたところの国家権力の召使いではない」（『ローマ人の国家と国家思想』鈴木一州訳、岩波書店、一九七八年、八七頁）と指摘している。なお、この著の訳者は「政務官」という訳語が「政務」と「官」と二重の誤解の危険を含むと主張し（三六三頁）、マギストラートゥスと原語のまま出している。

M＝ウェーバーは、ローマ政務官職の巨大な権力的地位は、究極的には重装歩兵の密集方陣とそのための集団的訓練に基づくと見ている（『古代社会経済史』上原・増田監修訳、三八六頁）。

キケローは七七年帰国し、法廷弁護活動で名声を勝ち得た後、七五年財務官に選ばれる。すでに結婚していたキケローには、七八年娘トゥッリアが生まれている。資産家の娘テレンティアとの結婚は深い愛情によるものではなく、冷徹な計算、端的に言えば金のためであったとされる。とは言え、キケローはよき夫ではあった。プルタルコスの『キケロ伝』によると、この妻はつねにキケローを牛耳り、キケローの政治判断に口を挟む自己主張の強い女性であった。しかし豪邸やいくつもの別荘の獲得と保持には、彼女の実家からの援助はなんとしても必要であった。

キケローとシキリアの総督ウェッレス

財務官キケローは、七五年シキリア（今日のシシリー）島に総督代理（財務官）として派遣される。シキリアには二人の財務官がおり、キケローの任地は西に位置する豊かな都市国家リリュバエウムであった。キケローは熱意と誠実を以て職務を果たした。彼は、属州《プローウィンキア》に赴いた財務官が陥りやすい収賄には全く無縁であった。

シキリアはローマの最も古い属州である。もともとこの島には西側にカルタゴ人、東部の海岸沿いには移住してきたギリシア人が都市を造っていた。第一次ポエニ戦争（二六四〜二四一）で勝利したローマは、この島からカルタゴ人を一掃し、属州とした。

ローマはシキリアを属州としてから、そこをいわばローマの穀倉とし、穀物需要の三分の一をここで賄っていた。そしてイタリア本土は収益率の高いオリーブそしてブドウ酒の産出に振り当てられた。

さて、ウェッレスがこの島の総督になったのは七一年であった。七一年といえば、七三年に起こった奴隷の暴動スパルタクスの反乱が鎮圧された年である。当時シキリアには六十五の都市国家が存立していた。ウェッレスはこれら都市国家統治の中核となる大監督官の任命権を主張した。このことは彼への贈賄合戦が口火を切ることを意味する。またそれが彼の目論みでもあった。

そもそも属州総督——属州総督の呼び名はプローコーンスル（前執政官）とプロープラエトル（前法務官）のいずれかである。つまり属州総督は上級政務官の職務権限《プローロガーティオー》の延長なのであった。——の権限は強大、否絶対的であり、ローマ本国の執政官にすら容喙《ようかい》の余地が全くなく、またそれを許されもしなかった。したがって属州を収奪することは、総督にとっていわば役得であり、この機会を千載一遇として巨額の財産をつくることが容易であった。「属州統治はローマ史上最も陰惨な一章を成す」（E＝マイヤー）。しかもローマ人はこの「特権」を当然視した。

それにしても、ウェッレスの可斂誅求《かれんちゅうきゅう》は目に余るものであり、その悪辣振りと貪慾さは類を見ないものであった。彼は良心の一欠けらもない男で、彼に目をつけられた財産家は、あらゆる手段で財宝や家産を強奪された。その上この男は無実の者を裁判に引き出し、財産没収すら企てたのである。この悪党はシキリア島の富裕な者たちだけでは満足できず、ローマの友邦シリア王がシキリアに立ち寄った際、ローマのカンピトリオの丘に建つユピター神殿に奉納するために王が持参していた装飾品も奪ってしまった。ウェッレスはさらに脱税もおこない、そのうえ穀物買い上げをめぐる金融でぼろ儲けもした。

キケローの時代のローマの領土（属州）

K. Christ : Krise und Untergang der römischen Republik による

●ローマ属州と獲得年度

前二四一　シキリア
二三八　サルディニア、コルシカ
一九八　向こう側のヒスパニア（ヒスパニア‐タッラコネンシス）とバエティカ
一四六　アフリカ、マケドニア
一三三　アシア
一二一　向こう側のガリア
一〇一？　キリキア
八九　こちら側のガリア（キサルピーナ‐ガリア＝北部イタリア）
四一に属州でなくなり、ローマに編入
七四　キュレネ
六七　クレタ
六三　ビテュニア‐ポントゥス、シリア
五八　キュプロス
五三？　ダルマティア
五一　ガリア‐ルグドゥネンシス、ガリア‐ベルギカ
三〇　エジプト

二七　アクィタニア、アカエア
二五　ガラティア
一六　ルシタニア
一五　ラエティア、ノリクウム
一四　コッティアン‐アルプス、マリティーメ‐アルプス
後
六　モエシア、ユダエア
一〇　パンノニア
一二　ゲルマニア‐スペリオル、ゲルマニア‐インフェリオル
一七　コンマゲネ、カッパドキア
四〇　マウレタニア‐カエサリエンシス、マウレタニア‐ティンギタナ
四三　ブリタイン、リュキア、トラケ
一〇六　ダキア、アラビア
一一四　アルメニア
一一五　メソポタミア、パルティア

[D.Shotter : The Fall of the Roman Republic,1994]

●ローマの投票集会の種類

〔構成〕	クーリア民会	ケントゥリア民会	トリブス民会	平民会
投票単位	三〇クーリア（三つの古いトリブス・部族から各々一〇のクーリアができた）	一九三百人隊（ケントゥリア）—一八騎兵、一七〇歩兵（歩兵は財産による等級に従って五段階八〇、二〇、二〇、二〇、三〇）に分けられる。非武装（貧困）市民五	三五トリブス	三五トリブス
出席の市民	各クーリアから代表一人	凡ての市民	凡ての市民	平民のみ
司会役	執政官か法務官或いは（宗教的目的のためには）最高神祇官	執政官か法務官	執政官か法務官か特別職按察官	護民官か平民按察官

〔義務〕				
選挙		執政官、法務官、監察官	特別職按察官、財務官、役人、特別委員	護民官と平民按察官
法律制定	政務官職の承認された命令権、承認された養子縁組と遺言	前二一八年までは主なる法律制定のための組織。宣戦布告をおこなった。後に監察官の権力の承認	ケントゥリア民会に委ねられた法律以外の凡ての法律	ケントゥリア民会に委ねられた法律以外の凡ての法律。平民会決議（プレービスキータ）の決議は前二八七年以後、法の力をもつことになった。
裁判		極刑（前一五〇年以後次第に国家反逆罪に限定される）	罰金刑の枠での国家に対する犯罪の凡て。グラックス兄弟の護民官の頃から、次第にこの裁判は他の裁判機関へ移行	

[D.Shotter : The Fall of the Roman Republic,1994]

〔注　記〕

＊ローマ人民は三つのトリブス（ティティエース、ラムネース、ルケレ）に分かれている。トリブス(tribus)とは部族さらに地区の意味。

＊各トリブスは、一〇クーリア（集会が原義）に分けられており、三つのトリブスで計三〇クーリアとなる。

＊クーリアは、歩兵一〇〇名から成る百人隊（ケントゥリア　centuria）と騎兵一〇名の十人隊（デクーリア　decuria）を出した。

＊このケントゥリア制度は、前五世紀の中頃か終わりに、王セルウィウス＝トゥッリウスによって創設されたと伝えられている。この制度によりローマ人民は一九三ケントゥリアに分けられた。

＊各クーリアには、指導者クーリオー（curio）と祭司がいた。そして集会の場所を持った。

＊歩兵の財産評定によっての区分は、有産階級を優遇した制度である。執制官選挙において一八騎兵と第一等級八〇で九八票となり、全一九三票の過半数に達する。

＊ラテン語の選挙するという語 creare は、もともと創造する、生み出すという意味を持っていたことに注意すべきである。

［この注記作成はE＝マイヤー、鈴木一州訳『ローマ人の国家と国家思想』、The Oxford Classical Dictionary, Der Kleine Pauly (Lexikon der Antike)』の三著に拠った］

裁判で活躍のキケロー

キケローは財務官としてシキリア人の間に、信頼の置ける人物という評判を得ていた。あるとき、シキリア・テルマエの市民オティニウスが、ウェッレスから財産目当てで命を狙われてローマへ逃げてきた。シキリアではウェッレスは欠席裁判でこの男に死刑判決を下す。属州で死刑判決を受けた者はローマへ留まることが許されないことになっていた。そこでキケローは彼の雄弁でこの男の命を救うことになる。ローマでは二四〇年、弁護人が依頼人から謝礼をもらうことを禁じた「キンキウス法」――護民官マルクス＝キンキウス＝アリメントゥスの提案――が後四七年まで施行されていたが、現実はそんな綺麗ごとではなかった。しかしキケローは、その点例外的に清廉であった。

オティニウスは自分を訴えたウェッレスに対し、父の影響力にも縋《すが》ってローマで逆に裁判を起こした。この原告を弁護したのがキケローである。この裁判の陪審員はかつての独裁官《ディクタートル》スッラの立法により、全員元老院議員で占められていた。ウェッレスは、元老院を味方へ引き入れて裁判を有利に運ぼうとした。キケローは『ウェッレス弾劾』の中で、この制度のもとでは財力の有り余るウェッレスが有罪を被《こうむ》ることなどまずあり得ないと、制度批判をおこなっている。

ウェッレスが弁護人として立てたのは当代の最高の雄弁家ホルテンシウス（一一六～五〇）であった。ホルテンシウスはキケローが越えるべき高峰であった。この裁判でのキケローの雄弁はこのことを果たし得た。なお、ホルテンシウスがウェッレスの弁護を引き受けた経緯は、ホルテンシウスが六九年執政官に当選したときの選挙資金の出所がウェッレスであったことによる。

キケローは証拠集めのため五十日間シキリアに滞在し、ウェッレスの諸々の悪事を示す歴然たる証拠を見つけこれらを提出した。ウェッレスは結審前にローマを逃げ出す。彼は自主的に亡命したということで、恐喝により手に入れた莫大な金を返すことを免除され、財産を失うことなく余生を送った。

按察官就任　キケローはウェッレス裁判の翌六九年、三十六歳で按察官《アエディーリス》(aedilis) となる。この語源アエデース (aedes) とは住宅や神殿の意味である。この役職は、競技大会と市場の監督であり、警察の機能ももち、穀物供給の任務――これはカエサルの定めたもの――に当たった。任期は一年、人数は当初は二名、やがて四〜六名となった。この役職はローマ共和政発足時には重要なものではなく、平民・貧民階級に委ねられていた。三六六年、按察官に平民層からの二人 (平民按察官) の他、政務官出身者つまり社会の上層部の二人 (上級按察官) が加わり、その意義が高まった。

法務官就任　六六年、四十歳のキケローは、政務官コース・栄誉の階梯の一段上の役職法務官《プラエトル》(praetor) に就く。この役職の語源プラエエオー (praeeo) は前を行く、先頭に立つ、命ずるという意味である。法務官と執政官は高位の公職であり、適格最低年齢が法律で定められていた。キケローは最短距離でこの地位に上った。任期一年、人数は六〜十六名、キケローの時代は八名であった。キケローは八名中トップで当選。彼の担当は恐喝犯罪であった。任期中、彼の議長役での唯一の裁判は、政治家・歴史家ガイウス＝リキニウス＝マケルが告訴された事件である。

キケローとポンペイウスの縁

ポンペイウス

法務官時代にキケローは、ポンペイウス（グナエウス＝ポンペイウス＝マグヌス、一〇六〜四八年）へ接近した。キケローと同年齢のポンペイウスは、彼自身の傑出した軍事的才能に加えて執政官を務めた父ポンペイウス＝ストラボーの威光により一気に国家の中枢へ躍り出た人物である。彼は通常の上り道つまり財務官、按察官、法務官、執政官と進んだわけではなかった。マリウスとスッラとの間に起こった確執と争闘の期間にスッラ側につき、幾多の軍事的任務で武勲を上げた。二十五歳の時、マグヌス「偉大な」という添え名をスッラから与えられた。七〇年、三十六歳で彼は執政官となる。

ポンペイウスは六七年、地中海を荒し回ってローマ属州を恐怖に陥れ、ローマの交易を危機に瀕せしめている海賊掃討の絶対指揮権《インペリウム》を得た。ポンペイウスは見事に海賊を一掃した。キケローは元老院でこの大権付与に賛成演説をした。その賛成の理由として、キケローの出身の騎士階級がローマ属州に投資した資本を海賊の手から守らんとしたということが挙げられる。一方において、キケローが執政官に当選するためにポンペイウスの支援を期待したことをその理由とする説もある。多分この二つが混じり合っていたのであろう。ローマはポンペイウスの軍事力に縋《すが》ることになり、ローマに執拗に戦いを挑んでいる国ポントスのミトリダテス六世王に対する戦争の全権（授権法）をも与えた。

キケローは元来「剣よりもことば」、「剣《グラディウス》（軍人）より平服《トガ》（文人）」という立場を標榜していた。そのキケローがポンペイウスという根っからの軍人の力をさらに強める授権法に同意したのは先述の理由だけではない。キケローは将来においてこの軍事的天才の力に頼ろうとしたことは間違いない。かつ後述するが、キケローはカエサルよりはポンペイウスを独裁に走る度合の少ない人物と見たのである。

三　執政官時代

執政官選挙

執政官《コーンスル》（consul）は政務官の最高位、国家の首長である。コーンスル（consul）の語源は不確かで、一つの案はconsulere（名詞はconsusilium つまり協議、熟慮）である。任期一年で人数は二名。一度務めると原則としては四年間再選されない。貴族出身でないいわゆる「新人」（ホモ＝ノウス）がこの階梯を登る唯一の武器は人徳《ウィルトゥース》であり、それしか頼るものはなかった。キケローはマリウス、大カトー以来久し振りに貴族たちの枠を破って当選した。なお、ローマ共和政発足時の最高政務官（最高位公職者）は法務官《プラエトル》であった。

ローマには官職を選ぶ選出母体が三種あった。まず護民官は十名。貴族は立候補できず、平民からのみ選ばれ、平民会（コンキリウム＝プレービス）の投票で決まる。平民会はローマの立法機関でもある。財務官と按察官はトリブス民会（民会＝コミティア）によって選出される。法務官と執政官はケントゥリア民会で選ばれる（詳しくは三十六頁の投票集会の一覧表を見られたい）。二八七年にできたホルテンシウス法は、平民会の決定が民会で採択された法と同一の法的効力をもつこととしているので、ローマの法律は平民の力によって決定される割合が大きかった。しかし、執政官や法務官を務めた者たちが終身議員となっている元老院の利かす睨みこそが、ローマ国家の中枢的政治力でありかつ本来安定の基盤であった。と同時に、キケロー登場の時代は元老院の力が弱体化し、ローマ国軍に根を張った将軍たちに共和国が蚕食されていたことは覆うべくもない。

選挙戦について弟の助言

キケローの執政官への挑戦が「特別の困難と特段の好機をもっていた」（フールマン）ことは、弟のクゥィントゥスの草した『選挙運動備忘録』が如実に示している（なお、この訳語は浅香正「『クイーントゥス・キケロー選挙運動備忘力』試訳」による。同志社大学文化学年報十四、一九六五年）。この冊子は、キケローがいかにしてローマのできるだけ広汎な社会集団を、しかも重要な集団を自分へ引き寄せ、どのようにしてライバルを打ち負かすことができるか、という戦術の書であった。この冊子第一部でクゥィントゥスは、キケローが天来の雄弁の才能を最大限活用し、騎士階級やイタリアの同盟諸国――これらの国々もローマ国民であり、選挙権が認められていた――や個々の国民にこれまでキケローが尽くしたことに対する見返りをおこなうように働きかけるべしと、指摘している。

その第二部では、選挙キャンペーンを入念に繰り広げるためには、友人たちが積極的に関与してくれることと、民衆の間での候補者の人気が欠かせないことが説かれる。そして弟は、兄の真面目さは、当選の暁に実行できない空手形を発行することなどは到底認めないであろうと、嘆いてもいる。そして弟は兄を「ホモ - プラトーニクス」（プラトン的人間）とこの書で呼んでいる。

このような選挙作戦を読むと、当時のローマの政治が人心を買うために手段を選ばずという状況であったことがわかる。選挙戦、特に執政官選挙には買収は常であった。それを禁ずる法は何度も施行されはしたが、所詮ザル法であった。

この選挙戦が始まる六五年、キケローはかつての護民官G＝コルネリウスの裁判において弁護を担当した。この裁判の真相は何かといえば、コルネリウスが任期中に元老院に敵対する法律を押し通したことへの元老院から図られた復讐劇に他ならなかった。コルネリウスは国家反逆罪で告発されたが、キケローの名弁護で救われたのである。キケローのこの成功は、護民官の地盤である平民階級を自分側に取り込むのに役立った。

この裁判では、元老院の大多数の議員がキケローの弁舌に感銘し、前護民官の無罪に投票した。つまり、平民側の支持を獲得したことで元老院貴族の票が逃げることにはならなかった。キケローはこのことを、弁護を引き受けた当初から見抜いていた。

キケローとカティリーナ

キケローは弟への手紙のなかで選挙の見通しを綴り、ライバルと目すべき者の名を挙げている。その一人にキケローのその後の政治生命に重大な役割を演ずるカティリーナが含まれていた。キケローより二歳年上の零落貴族の出であるカティリーナは、六八年法務官となった後、すぐ属州アフリカ（今日のチュニジア）の総督として赴任した。彼はその地で先のウェッレス張りの破廉恥な収奪をおこなった。任期を終えローマに戻った彼は訴えられる。この裁判が、彼が六四年の執政官選挙に名乗りを上げることを阻《はば》んだのである。

キケローはカティリーナが有罪となること、そして六三年の執政官選挙にも候補者とはなれないことを確信していた（この読みは外れた）。キケローは、なんとカティリーナのために弁護を買って出る考えもあることを先の手紙で洩らしている。選挙戦術がそのことの奥にあった。キケローは選挙戦でカティリーナと緊密に連携しようという考えを抱き始めたのである。執政官の席は二つである。この裁判はカティリーナの無罪で終わった。告訴された者もまたその弁護を担当する者たちも、自分たちに望ましくない裁判官を拒否できるという法律を盾にして、カティリーナ側が裁判を揺すぶったからである。

キケローはこのカティリーナをずっと以前から知っていたと思われる。カティリーナはポンペイウスの父ポンペイウス＝ストラボーの指揮する軍隊の親衛隊員であり、八二年スッラに与《くみ》し、彼の殺人の手先になった。カティリーナはキケローの父のいとこの殺害にも加わった。先の『選挙運動備忘録』には、カティリーナが軍人政治家マリウスの弟を極めて残忍な方法で殺害したことが報告されている。

プラトンをすべての哲学者中最も気高い存在として尊拝するキケロー、いわゆるプラトン信奉者キケローが、執政官への道にいかに執念を燃やすにせよ、このようなカティリーナと手を組むことを一時的にであれ考えたということは、我々の理解に苦しむところであろう。しかし、当時のローマの政界、否ローマの社会それ自体が極めて泥くさいものであったことを弁える必要がある。当時のローマでは、カティリーナ型の人物こそが世に打って出られたのである。プルタルコスの伝えるところによると、このとき執政官に名乗りを上げた候補者はキケローの他四名、プブリウス＝スプリキウス＝ガルバ、ルキウス＝カッシウス＝ロンギヌス、ガイウス＝アントニウスそしてカティリーナであった。そしてキケローの弟クィントゥスは、後者二人がキケローにとって手強い人物であると記している。この判断は正しかった。G＝アントニウスとカティリーナは選挙提携を結び、ともに当選を狙う。

元老院の有力議員たちは、カティリーナの邪《よこしま》な性格、G＝アントニウスの動揺しやすい弱い性格が執政官に不適格であると判断する。そして彼らは新人《ホモ・ノウス》キケローの支持に回った。カティリーナとG＝アントニウスはあまりに悪辣な集票活動に打って出たため、元老院はこれを禁ずる厳しい法律を通すことを決意したほどであった。しかしこれには護民官の一人が異を唱え、実現しなかった。

キケローが著し、今日失われている『選挙候補者の演説』には、カティリーナがおこなったマリウス＝グラティディアヌス殺害が描写されている。カティリーナはマリウスの生首を自らの手でスッラへ差し出したと記されている。さらにキケローは、カティリーナとG＝アントニウスの前歴をこと細かに扱《こ》き下ろしている。

こうしたキケローの批難に対して、両者はキケローは新人にすぎないと反論ならぬ言い返しをするしかなかった。この『演説』文は、キケローが自分の当選に自信をもっていること、カティリーナはローマの有力者たち、元老院、騎士階級そして平民の支持を取り付けることはできないであろうという予測を記していた。

選挙の結果、キケローは満票で当選する。G＝アントニウスはカティリーナよりうまく切り抜け、キケローの同僚となる。

政務官職のスタート財務官は当初二十八歳が最低年齢と定められていた。次の官職へ就任するには二年の間隔が必要であった。スッラはより厳しい規定を設け、財務官は三十歳、法務官は三十九歳、執政官は四十二歳をそれぞれの最低到達年齢とした。したがって、キケローは四十二歳で執政官に当選したのであるから、最短距離で栄誉の頂点に到達したことになる。

執政官職には、貴族でありかつ武勲赫々《かっかく》たる者でも必ずしも安易に上ることはできなかった。クウィントゥス＝カエキリウス＝メテッルス＝マケドニクスは一四六年マケドニアを破り、凱旋の栄に浴した。しかしそれにもかかわらず彼は、執政官選挙に二度敗れ、三度目の挑戦でようやくこの地位を獲得した。騎士階級出のキケローが一回目の出馬で夢を実現したのは、見事であった。

キケローのしたたかさ

ところで、キケローが凡庸な政治家でなかったことは、次のことから窺える。彼は執政官就任の直前、なお一つの策略を講じた。一二三年、ガイウス＝グラックスという革命的政治家が護民官のときできた法律があった。それは、元老院に対して、選挙の前に次年度執政官が任期満了後に属州総督として赴任する属州を定めることを命じた法律である。無論、属州は二つではなく多くあったので、法務官も任期終了後、属州総督となった。キケローの任期中の執政官には、こちら側のガリア《ガリア・キテリオル》——上部イタリア、この地は四一年ようやく属州からローマ国に編入される――とマケドニアが割り当てられた。そして抽選でキケローにはマケドニア赴任が決められた。総督として統治した場合、マケドニアのほうがはるかに実入りが多い。つまり、マケドニアで一財産がつくれることは誰の目にも明らかであった。キケローは多額の負債を抱えていたG＝アントニウスにマケドニアを譲ることを申し出た。このことによりG＝アントニウスはカティリーナとは縁を切り、キケローの施策に同ずることを余儀無くされることをキケローは図ったのである。しかしキケローは、こちら側のガリアの総督となることを次に記すことばのように、やがて撤回した。

執政官としての業績《レース・ゲスタエ》

キケローは後に（五五年）自らの執政官時代を振り返ってみて、国家の危機に対して自分がいかに毅然と臨んだかを次のように綴っている（『ピソへの反論』4～5）。

わたしは、国家反逆罪で告発されたガイウス＝ラビリウスを弁護し成功した。……わたしは、同僚アントニウスが一つの属州に執心して幾多の政治的策動に加担したが、忍耐と妥協で彼を取り込んだ。わたしは、アントニウスと交換して獲得したこちら側のガリアを、公的集会で国民の抗議にもかかわらず拒否した。というのは、諸般の政治的事情がこの拒絶をわたしに思いつかせたからである。わたしは密かにではなく、公の眼の前で、元老院の根絶と国家の没落を準備したルキアス＝カティリーナに国家から退去することを要請した。……わたしは執政官職最後の月に謀反者たち（カティリーナ一味のこと）の嫌悪すべき手から国民の喉に向けて抜かれていた武器を奪い取った。……わたしはそもそも、一月一日（執政官就任日）に元老院と法のすべてに忠実な人たちを、移民法と膨大な公費分配に対する恐怖（カエサルの策動とその波紋のこと）から救った。わたしは生まれのよい有能な若者が政務に就いたとき、ローマの国制《コーンスティトゥーティオー》をないがしろにせぬよう説得した（拙訳）。

ライバル・カエサル

キケローの執政官時は、カエサルの政治的上昇がはっきりした形をとった時代でもある。ローマ共和国末期はカエサルとキケロー両者の対決と和解が軸となった。確かにキケローはカエサルなしには政治家を続けられなかったことも事実だし、カエサルの独裁志向があったればこそ、それへの対抗として自らの政治哲学を形づくることができたのである。ホメロス、プラトン、キケロー、カエサルの四人がヨーロッパ精神の主導者である。

キケローの執政官の仕事は、カエサルの放った元老院貴族政への攻撃に対する防御を中心とした。両者の関わりについては後に詳しく述べることにし、ここでまずカエサルの氏素姓に触れる。

キケローより六歳年少のカエサル（一〇〇〜四四年）は、ローマの血統貴族《パトリキ》の出で、その家系はローマ建国以来の古いものであった。父は法務官に手が届いただけであり、祖父については詳《つまびら》かではない。遠い親戚のL＝J＝カエサルは六四年執政官を務めた。

カエサル

カエサルの青年時代は——それはキケローと少し重なるが——マリウスとスッラの間で繰り広げられた内乱（市民戦争）の時期である。カエサルの叔母ユリアはマリウスと結婚し、カエサル自身は十六歳で当時の権力者キンナの娘コルネリアと結婚する。こうした家系上のあり方からすれば、カエサルは元老院貴族派に属するが、彼の独裁への野望は元老院との関係を密にすることでは実現しなかった。

カエサルは政界で活躍しようとしたとき、自分より六歳年長のポンペイウスの愛顧に与《あずか》ろうとした。後にポンペイウスは妻を亡くすと、カエサルの娘ユリアの夫になった。そのうえ、カエサルは十五歳年長のクラッススというローマ一の大富豪としばしば手を組む。カエサルとクラッススは二人で政治を実際的には（ということは裏で）取り仕切るために、G＝アントニウスとカティリーナを利用することを目論んだ。

カエサルがガリアを舞台にして国土の拡大を目指したことは民衆に興奮を与えた。と言うのは、民衆は古い文化を誇るギリシアやアジアにはいわばコンプレックスに基づく反撥を抱いていたからである。民衆はカエサル支持の大合唱をいつもしていたが、民衆の声は実はカエサルの声だった。

キケローに対して、カエサルとクラッススは共同戦線を組む。二人の元老院支配の弱体化のための攻撃が激化し頻繁となってくる。しかし、この二人の企みが一時的にであれ挫折したのは、ひとえにキケローの力による。とは言え、カエサルの上昇気運は、キケローといえども止めることは不可能であった。これは言ってみれば、歴史の必然（必然的傾動）であり、この気運は一個人の獅子奮迅の努力を以てしても変じ難いものであった。

カエサルはキケローの執政官時に最高神祇官《ポンティフェクス・マキシムス》の地位を得た。この職はローマの神祇官の最高位である。この職に就いている者の身体は、何人といえども（執政官や独裁官にせよ）手にかけることはできなかった（護民官の身体も然り、いわゆるサクローサンクトゥム）。しかも一度選出されると終身任期であった。最高神祇官は元来ローマの正史の年代記執筆の任も担った。

カエサルは恐るべき老獪さの持ち主であった。彼は政治的策動の表側に出ることはほとんどなく、手懐《てなず》けた者たちに表立った行動をとらせ、自分は裏に控えるやり方をとった。企みが頓挫した際、自分の名声を傷つけずにすむからである。つまり、大きなリスクを犯すことなしに、一つの政治行動を押し出すことができるからである。「カエサルとともにローマ政治は深い奥を持ち、かつ二重底となった」（フールマン）。カエサルの政治意志が動き出して以来ローマの政治は、表面的には幾人もの政治家が登場し姿を没してゆく交代劇となったが、常にその背後に元老院を骨抜きにしようとするカエサルの不退転の決意が働いていたのである。

カエサルとの最初の闘い

キケローは執政官在任中十二回の演説をおこなった。そのなかの一つ、移民法に対する彼の反対の主張をここで取り上げてみる。

移民法とは、国庫で富裕な土地所有者から土地を買い上げ、国民に付与することを約束する法である。この法の背後にカエサルがいた。彼の深慮は、子飼いの古参兵《ウェテラーヌス》たちにこれまでの長い軍歴の褒賞として定住地を分配することにあった。そもそも帰還した古参兵はホームレスの大群だったのである。

この提案は六三年の護民官の一人によって提案された。土地を貧困な国民に分けるというのは、グラックス兄弟によってはじめて法案化した。いわゆる「グラックスの改革」である。当然のことながら、国有地の管理やさらに使用という既得権を享受している富裕な者たち、貴族、騎士階級、元老院議員たちは猛反対の大合唱で結束する。

この移民法は明らかに人気取り以外の何物でもなく、財政的裏打ちに大きな問題を抱えたものであった。この法案の撤回に断固として立ち向かったキケローは、反対演説においてこの法案の奥に隠されているカエサルの真の意図とその底に芽吹いている怖さを正面切ってあばき出した。

キケローは移民法への反対演説で以下のごとく語った。この法案を可決させると、十人委員会《デケムウィリー》が法案の実施を取り仕切ることになる。しかもこの委員たちは無制限の権限を持つ。六四年にポンペイウスはシリアを征服し、六三年にビテュニア＝ポントゥスとシリアがローマ属州となったのであるが、この全権十人委員会は、全イタリアとこれらローマに編入された領土について、そこの国有地を売ったり、住民を自分たちの判断で裁判にかけたり、国外へ追放する権限を与えられている。そのうえ、新たに植民都市をつくり、国庫から金を引き出し、必要と思うだけの兵隊を召集し養うこともよしとされている。

土地の配分によって人民の生活を豊かにすることを謳うこの法案は、実は（カエサルが）独裁政治を施行するための単なる手段であり、民衆派を装った提案でありながら、その実反民衆的であること、このことを防ぐ自分こそが真の人民の友《ポプラーレス》であると、キケローは熱弁を振るった。彼は見事勝利する。護民官はこの法案の票決を断念した。もっともこのような大きな改革的法案を、単にキケローの雄弁だけで廃案にすることは不可能だった。キケローは同僚執政官を利用した。すなわちG＝アントニウスは、自分もこの十人委員会の一員になろうとしていたのであるが、属州総督として赴任することになっている上部イタリアをキケローによって実入りのよいマケドニアと交換してもらうことを条件に、この案を葬り去ることに協力したのである。しかも交換は取り消された。

この法案は、その後四年間は見送られた。しかし、五九年カエサルが執政官になると実施されてしまう。カエサルの操舵するローマ政治の進行はもはやだれも押し止められなかった。

カティリーナの陰謀

執政官キケローの遭遇した最大の事件はカティリーナ一味の国家転覆の陰謀である。このカティリーナはキケローとともに執政官選挙に出て敗れたことは既述したが、彼は六二年次の執政官選挙でも苦杯を喫したのである。カティリーナは正当な方途ではこれからも執政官に当選しないことを悟り、軍事力を用いて国家の中枢を握ろうとした。彼もいわば民衆派《ポプラーレス》を装い、借財の帳消しを公約に掲げた。借金で首のまわらなかったカエサルもこの男の支援者であった。しかしカエサルは、カティリーナの陰謀には加わらなかった。

彼を中心に誓いを立てた一味は、彼らも一枚加わっていた先の十人委員会設置の野望が、キケローの雄弁と彼のG＝アントニウス懐柔によって潰《つい》え去り、しばらくは意気消沈していた。しかし彼らはすぐさま息を吹き返した。そして彼らは、ローマと近隣の敵国との戦いの総指揮を取っていたポンペイウスが帰国する前に、大胆な行動に打って出ようとした。彼らの動きの中で大きな力となったのは、スッラの子飼いの兵隊であった。

マリウス

スッラ

スッラは初めG＝マリウスの総指揮下の戦いを幾度か勝利に導いた。このマリウスは兵制の大改革を断行し、それまで農民中心だった軍を、貧民からの志願兵を大幅に募って編成し直した。これは、ローマ軍がゲルマン人との戦いで幾度となく敗退したことの反省によったものである。やがて両者は反目し、互いの軍隊は殺し合いを始めた。

九一〜八七年までローマとローマの同盟市《ソキイー》間で戦われた同盟市戦争《ベッルム・ソキアーレ》は、八四年イタリアへ進攻したスッラが引き起こしたかつての上官マリウスとの戦いを、内乱にまで騒擾《そうじょう》化する。戦いはスッラ側の圧勝に終わり、すぐマリウス派への大粛清が始まった。この八〇年代には二十四人の執政官経験者、六十名の法務官経験者、二百人の元老院議員が殺された。

この間ローマは、マリウス、スッラそしてキンナの権力闘争による凄まじい内乱の渦中に投げ込まれた。スッラはマリウスを倒して元老院を自分の都合どおりに改革し、一連の反動立法を強行し、その遵守を新執政官に誓わせてポントス王ミトリダテス討伐に出発した。新執政官の一人がキンナであった。キンナはスッラの務めた八八年の執政官の後、八七年から四年連続して執政官となる。彼はスッラの保守的姿勢と袂を分かって民衆派の施策をとった。そのため、同僚執政官G＝オクタウィウスに激しく攻撃され、職を追われてローマを脱出するに至る。しかしキンナは反撃に出、ローマに戻る。八六年から三年間は「キンナの時代」と言われ、ローマは平和な一時期を迎える。八四年、彼が軍団の兵士に殺された後、スッラはミトリダテス戦争を打ち切り、イタリアへ進攻して再度最高権力を手中にする。独裁官《ディクタートル》に就いた彼がおこなった粛清は、先述したように、政治の中枢にいた者、現にいる者を大勢標的にしたのである。

スッラは八二〜七九年独裁官となった。この官職は、国家非常事態に際して元老院の提案に基づき執政官から任命されるもので、最大限六カ月軍事と司法の全権を握るものであった。この制度は五〇〇年か四九九年にできたのであるが、共和国ローマになって十年目にT＝ラルキウスが最初の独裁官になった。二〇二年以後この地位に就いた者はいなかった。スッラは元老院の権力の減少から再び元老院を蘇えらせる元老院改革を唱え、そのためには自分が独裁官になる必要があると訴えた。「共和国（国家）を回復するための独裁官」の肝要を説き、スッラの野望は実現した。スッラは元老院議員の数を倍増して六百人とした。この布告により、家系に下級政務官しかいなかった騎士階級の新人たちが多数元老院議員となる栄に浴することとなった。

この武人は、戦うだけが能ではなく、アリストテレスの創設したリュケイオンの蔵書をアペリコーンという愛書家から買い取り、ローマへもってきたことでも知られている。この中にかのアリストテレスの講義草稿や論文が多数含まれていた。これらが後に（前一世紀後半）ロドスのアンドロニコスによって編集されて、アリストテレス著作集《コルプス》となって世に流布したのである。これはスッラの功績あっての上である。

なお、独裁官というラテン語 dictator は、「発言する」（dicere）に由来し、またこの動詞には「判決を下す」という意味がある。「その発言（dictio）が法律となる者」が源義である。

カティリーナ一味とスッラの兵隊

スッラの兵隊たちはスッラの死（七八年）以後もイタリア全土に潜んでいた。その中で最も戦闘的な一団はエトルリアの町々に根を張っていた。かれらの首領がスッラの下に従軍して名を上げたカティリーナであった。

カティリーナは再度執政官に出馬しようとし、この兵隊たちも選挙に一役買おうとして大挙してローマへ乗り込んできた。キケローは、カティリーナの意図が自分の失墜にあることを察知し、次期執政官の選挙日を遅らせて、この男を元老院に呼んだ。カティリーナに関して報告されている事柄について訊問するためである。

元老院でカティリーナはキケローに対して、「ここには二つの身体があって、一方はやせて疲労困憊しているが頭がある。もう一方は頭はないが身体は頑健でしかも大きい。こちらのほうにわたしが頭をつけようとするのがどうして悪いか」(『プルタルコス英雄伝・キケロ』ちくま学芸文庫（下）、風間喜代三訳）と反論する。「頭のない大きな身体」は元老院と民衆のことである。

カティリーナは、一握りの成金貴族と巨大な貧民層とにローマが「階級対立」に分裂していることを突いている。この発言は、それ自体としては、当時のローマの富の偏った分配を訴えており、正しいのである。なおこの男は民衆扇動者《デマゴーク》であり、また由緒ある貴族《パトリキー》でもあった。

キケローはカティリーナの自信に満ちた反論に驚き、身の危険を感ずる。キケローの支持者たちは、選挙のおこなわれるマルスの野まで胸当てをつけたキケローを護衛した。キケローは肌着を弛《ゆる》めて胸当てをつけていることを民衆に示し、我が身の危険を知らせた。

投票の結果は、またカティリーナの落選であった。次年度執政官にはシラーヌスとムーレーナーが当選した。カティリーナ一味は、この首魁の落選を決起の時と受け止めた。エトルリアに控えていたカティリーナ派の兵士たちは部隊を整え、一路ローマへ向かわんとした。

キケロー陰謀を知る

キケローがカティリーナ一味の反乱が間近く起こることを知ったのは、次のような経緯《いきさつ》である。ローマ屈指と言ってよい有力者たちが真夜中にキケロー邸を訪れ、キケローを起こした。そのなかのM＝クラッススが言うには、彼が夕食後受け取ったいろいろな人からの手紙の一つに、彼宛ての差出人不明の手紙があった。その文面は、カティリーナの手で大虐殺がおこなわれるから、密かにローマを脱出するよう勧告を綴っていた。それでクラッススは他の者たちを伴ってキケロー邸へ駆けつけたのである。

このクラッススはカエサル、ポンペイウスと三頭支配を図った人物であり、彼はカエサルと共に、実はカティリーナの後援者であり、カティリーナの執政官への当選を望んでいた。その彼が何故カティリーナの陰謀をキケローに教えたのか。一見キケローを引っかける策動とも思えない。しかしカティリーナが二度の執政官選挙で頓挫して、クラッススにとって最早カティリーナは何ら利用価値のない者となり、こういう行動に出たのであろう。とは言うもののこの事件は、奇妙な奥深さをもつ無気味なものを漂わせている。今日でも事件の真相ははっきりしていない。

キケローは夜明けを待って元老院を召集した。そしてクラッススの手に渡されたさまざまの人からの手紙を差出人たちに渡し、朗読するよう命じた。どの手紙にもかの一味の陰謀のことが書かれていた。

これに加えて法務官待遇のQ＝アリウスが、エトルリアで兵隊たちが不穏な動き、つまり部隊編成をおこなっていることを報告した。それだけではなく、相当数の兵隊がエトルリアの町々を移動し、ローマからの知らせを待っているという情報を示した。

非常時大権を得たキケロー

それで元老院は、国家存亡の緊急事態が生じていることを認めないわけにはいかなくなった。元老院はこのまま論議を続けて合議的判断を得ることを打ち切り、執政官に元老院最終決議《セナートゥス-コーンスルトゥム-ウールティムム》――非常時大権――を与えることを決議した。執政官は二人いるが、実力者キケローがこの全権を実質的に担うこととなった。G＝アントニウスはキケローのイエスマンでしかなかったのである。キケローはローマの町の治安を守るため、キケローの家系とパトロネジ（庇護関係）にある町の男たちをローマへ呼び、その任に当たらせた。

キケローが非常時大権を得たことが、カティリーナにためらいを捨てさせその野望の決行を迫ることになった。彼はマリウスの子飼いの軍隊の許へ直ちに向かうことを決意した。そして彼は、一味のマルキウスとケニグスに、キケローの家に早朝行って親しく挨拶するように振る舞ってキケローを安心させ、すぐ襲いかかり殺害するよう命じた。しかし、フルウィアという名の上流婦人がその前夜この動きをキケローに伝えたので、キケローは難を避けることができた。この女性とキケローとの関係は不明である。

キケローはすぐ家を出、ユピター神殿に元老院を召集した。カティリーナも仲間とともにやって来て弁明しようとした。しかし、元老院議員は一人もこの釈明に耳を貸そうとせず退席してしまった。カティリーナが口を開くや、建物の周囲に集まっていた民衆が騒ぎだした。そこでキケローは立って、カティリーナに町から去ることを命じた。その時のキケローの名台詞がある。

　なぜならば、わたしは言葉により、お前は武器によって政治をしているのだから、その間にどうしてもこの町の城壁が必要なのだ（『プルタルコス英雄伝・キケロ』風間訳）。

陰謀の露見

カティリーナ一味が最も恐れていたのは、ポンペイウスが大遠征から帰ってくることであった。その噂がローマに伝わってきた。それで彼らは、サートゥルナーリアの祭——農業の神ユーピターの父サートゥルヌスの祭、十二月十九日の一日だけ開催——の一夜を決行の日と決め、武器、麻屑、硫黄を仲間たちの家へ運びこんだ。そしてローマの町の百箇所に百人を配置し、火をつけてローマ市を災上させ、さらに水道管を閉鎖して水を運ぶ人たちを殺すことも謀議された。

　ところで、プルタルコスが記すところによると、ガリアの一部族アロブロゲーの二人の使節がローマに滞在していた。カティリーナ一味の中心人物レントゥルスが、ガリア全体を動揺させ味方につけるため、この二人を仲間に引き入れた。そして彼らにその国の中心人物たち宛ての文書とカティリーナ宛ての文書が託された。二人の国の政治家宛ての文書はその国の自由を約束することが認《したた》められており、カティリーナ宛ての文書は奴隷を解放し彼らも伴ってローマに進軍するよう訴えていた。

この二人の使節にはクロトーン人ティトゥスが同伴させられた。レントゥルスの仲間には、実は仲間のふりをしてこの陰謀の展開をキケロー側へ通告する者たちも入っていた。キケローはこの筋から報告を受けるや、ティトゥスをアロブロゲーの使節の協力のもと捕縛した。

夜が明けるとキケローは元老院を召集した。そこでは先の報告を裏づける種々の証言が得られた。ケニグスの家にたくさんの武器が集められていることや、執政官両名と法務官たちが殺されるであろうことが、このケニグスによって語られたと、一人の元老院議員が報告した。レントゥルス、ケニグス、ガビニウス、スタティリウスとカエパリウスは謀議を自白した。署名にはカッシウスも加わっていたが、当日ローマに不在だったため逮捕を免れた。

キケローの対応

キケローはカティリーナ一味にすぐさま厳罰を以て臨もうとはしなかった。しかしその後すぐにキケローが強い姿勢に至ったのは、プルタルコスによると、妻テレンティアの差し金によると言われている。確かにテレンティアは家庭で主人を守るもの静かな女性ではなかった。彼女は、この事件でも弱腰になりがちなキケローに強い態度をとるよう促した。彼女は名誉心の強い女性で、「夫と家事について語るよりも、政治的なことで夫を心配するといったタイプの女」（プルタルコス前掲書、風間訳）であった。

五人の逮捕者に対する取り扱いをどうするかについて、十二月五日に元老院で討議がおこなわれた。元老院は、この六三年夏カティリーナがエトルリアで兵を徴集したとき（これがカティリーナの第一次の陰謀である）、元老院最終決議を通して両執政官に国家防衛のための一切の必要な処置をとる権限を与えていた。一方において確かにこの大権について、国民から反論や疑義が呈されることも稀ではなかった。執政官が、国家救済のための最低必要限度――しかしその見分けは簡単ではない――を踏み越えた処置と行動をしたと後日見なされると、任期終了後裁判にかけられた。このことが心に引っかかって、性格に弱さを秘めるキケローは、五人の謀議者の処置に苦慮したのであろう。後にルソーは、独裁官の任命を以てしてローマはこの事件に当たるべきだったとする。

元老院議員の演説とキケローの逡巡

十二月五日の元老院では、十七人の最も傑出した議員――その内訳は翌六二年の執政官に選ばれている二人と法務官一人と十四人の執政官経験者《コンスラーレス》――がまず演説し、全員が極刑《ウルティマー・ポエナ》を主張した。次にカエサルが演壇に登った。彼は感動に満ちた演説で、多数意見が貫かれる場合には意識下に蠢く脅迫がただ響き出ているにすぎないと発言し、極刑でなく財産没収《プロースクリープティオー》の上、終身禁固を提案する。実はこの恩情発言は、借金だらけであったカエサルの個人的事情によるものであった。彼はカティリーナの選挙公約の借金全額帳消し令の恩恵に与《あずか》りたく思い、この一派を蔭で支えていたのである。カエサルの金庫番クラッススも事情は同じであった。

小カトー

次にキケローが演説する。彼は、例の弱気が出て、極刑を主張した議員たちにも終身禁固刑を提案したカエサルにも一理あるというどっちつかずの発言をする。もし彼が極刑に与《くみ》しそれを実行すると、多数の敵をつくることになる。こういう状況にキケローは陥りたくなかった。そもそもローマの元老院議員の最高刑罰は終身禁固が限度であり、死刑を課すことは通常ではできなかったことも、キケローのこの逡巡の理由であった。

最後にM＝P＝カトー——彼の曾祖父は執政官を務めたストア派の哲人カトーである。曾祖父は大カトー、彼は小カトーと呼ばれる——が登壇する。彼の主張の骨子は、カエサルの人道的なアピールは政治的カリカチュアに過ぎない、というものである。彼は続ける。先のカエサルのことばにはカティリーナ一味への加担、少なくとも同情が働いている、と。この演説は、カエサルに動かされ終身禁固刑に傾いていた元老院議員たちに対するカトーの発した激しい怒りであった。猶予を置かない死刑を課すことが国家の唯一の救済であるとするこのカトーの名演説に元老院は動かされ、一転して五人の死罪が決定した。ただし、カエサルの意見の一部も通り、五人は財産没収だけは免れた。このカトーの反カエサル演説は、カトーとカエサルの確執を次第に大きくしていった。両者の対立は、キケローとM＝アントニウスのそれのいわばミニ版である。

キケローは、元老院全体の動向がカトーの提案によって賛成に変わっていったのを見定め、五人の陰謀誓約者を一人一人牢獄から出し死刑を執行させた。この謀議に加わった他の者たちは市民集会に参加していて、まだこの処置を知らなかった。それで彼らは、五人を奪い返すことができると思い、夜になるのを待つ。これを見てキケローは、この仲間たちに「彼らは生きた」と発した。ローマでは「死んだ」という不吉なことばの代わりにこう言うのが通常であった。キケローがカティリーナ一味を極刑に処した毅然たる態度について、プルタルコスはこう賞讃している。

偉大なる力と知恵が、ある幸運によって正義と結びついて一つになる時、国はその不幸が終わるのを見る（プルタルコス前掲書、風間訳）。

「祖国の父」キケロー

その時代最も名望のあった元老院議員カトゥルスは、キケローを「祖国の父《パテル・パトリアエ》」と呼んだ（一方の執政官G＝アントニウスはキケローに完全に丸め込まれて、キケローの方針に抗することはなかった）。またプルタルコスは、「祖国の父」という呼び名はカトー（小カトー）によってつけられ、元老院の投票によりキケローはこの称号で呼ばれたと別言している。この称号を受けたのはローマ政界でキケローが最初であった（二番目がカエサル）。元老院はキケローのこの英雄的決断とその遂行に対して、それまで軍事的大勝利にしか催されなかった凱旋の式典である神々への感謝祭まで催して、救国者キケローに感謝を表した。

キケローは六一年に友アッティクスに出した手紙のなかで、「わたしは国家が神の知恵によって救われたと思っているが、君は国家がわたしの知恵によって救われたと思っている」と綴っている。

キケローの英断の波紋

しかし自らの遅疑逡巡を封じてのこの偉大な成功は、さまざまな観点からキケローのその後の政治家としての人生を失望と危険と苦悩と敗北で満たすことになる。キケローの採った処置は、その直後は大いなる賞讃の渦中にあったが、その後すぐ、この処置が行き過ぎであるという声がローマで大きくなってきた。人間界、特に政治の世界には忘恩は付き物である。裏でこの動きを起こし民衆を焚きつけていた人物は、翌年の法務官予定者カエサル、護民官予定者メテッルスとベスティアであった。六二年一月一日、元老院会議でメテッルスはキケローの処置を攻撃する演説をおこなった。

他方、キケローに降りかかってきた火の粉を払おうとし、ある程度それに成功したのが、やはり護民官予定者カトーであった。カトーは元老院の重鎮であり、カトーのキケロー弁護は大いに力となった。

さて、カティリーナ派五人の死刑執行について補足すると、キケローが元老院最終決議に基づいて即刻処罰の挙に出たのは既述のとおりである。彼がついに決意して死刑を執行したのは、この一派に同じて反乱の焔がローマの到る所で燃え上がることを心底恐れたからである。実際、カティリーナ一派が時の元老院中心の政治に対する不満分子を糾合する動きが、否それだけにとどまらず、ローマ市民を改革の公約で支持層へ組み入れる動きが、容易ならざる速さで進んでいたのである。しかしながら五人の死刑については、彼らは実際に武装していたわけでも、また軍勢を待機させその指揮を取ろうとしていたわけでもなかったので、この死刑執行は正当化できるかどうかについて、できないという意見も一方において有力でもあった。

そもそも元老院の決議は、法廷判決ではない。それは元老院会議の司会を務める執政官に向けての勧告にすぎない。無論、この勧告内容は国家の敵《ホスティス》・公敵と宣告された者を、裁判にかけることなしに執政官は死刑に処すことができる、というものであった。しかしこの五人はすでに拘留されており、彼らが武装集団を使ってローマを混乱の巷に陥れる危険性はなかった。確かに元老院最終決議は彼らを拘束する前に出されていた。しかし、武装していない謀議者に死刑を執行したことが、謀反が食い止められてしまったがゆえに、その正当性に疑義が呈せられたのである。

この疑義にも法的根拠がないとは言えない。ローマにはセンプロニウス法なるものがあり、これによると五人の反乱首謀者たちにも法廷での訴訟手段を要求する権利があった。キケローが執政官の非常時大権を行使してセンプロニウス法を踏み躙《にじ》ったという批難は、事件処理の後に時をおかず噴き出し、短期間に大きく火勢を強めていった。

キケローの反論　キケローのこれに対する反論は次のようなものである。

ローマ国民を裁判にかけることなく極刑に処してはならないというセンプロニウス法は、国家の敵（公敵）には当て嵌《は》まらない。しかもこの五人は単なる公敵ではなく、「内なる公敵《ホステス－ドメスティキィ》」と言うべき輩である。五人は、一見法を守り国家の共和政に与《くみ》する顔をして闊歩している。しかし彼らのこの装いの裏に、断固たる国家転覆の意図が秘められている。公敵は国民に該当しない。ゆえに彼らは国民に認められている裁判を受ける権利に与《あずか》れない。たとえ彼らが武力によって造反の行動を起こさなかったとしても、彼らは国家の敵として認定されたのである。彼らは武闘の可能性を限りなく秘めた行動を取っていたのであり、彼らはもはや国民の枠にとどまってはいなかった。

右のキケローの反論は演説としては通りはよいが、決して十分な説得性をもっていないと思われる。また他方で、キケローに元老院が大権を委ねた以上、その履行後、すぐキケローを責め始めるのは理不尽である。元老院最終決議とセンプロニウス法は両立不可であって、国家存亡の危機の時は、センプロニウス法は否定されてもやむを得ないのである。

キケローの政治哲学研究の第一人者ブューヒナーは、「キケローがカティリーナの陰謀を打ち破ったのは、正しく一個の哲学的・一個のプラトン的行為である」とまで言い切っている。

ただし、我々はカティリーナ事件を公平に見ることも必要である。あまりにキケローの自己弁護に「便乗」して、キケロー側から事件を事実化してしまうだけでは問題であろう。このことのためには少なくとも歴史家サッルスティウス（八六〜三四）の『カティリーナとの闘い』を繙くべきである。彼はカティリーナを悲劇の主人公とした。

しかしキケローが、自己のおこなった処置から身の危険を蒙むるところとなって、「死は強い人間にとって恥ずべきこととも、前執政官にとって早すぎるとも、賢い者にとって嫌忌すべきものともなり得ない」と言っているのは、キケローが死を恐れることのない信念、しかも哲学的信念の持ち主だったことを示して余りある。

ポンペイウスの影

キケローが、ローマ国民に賦与されている「裁判なしの死刑はない」という権利を侵害したという声高な訴えは、護民官に当選したネポスが起こしたものである。この男はポンペイウス配下の者で、ローマの有力な家系の出身であった。ローマ政治を動かす究極的力が軍団を掌握している人間に握られていたことは、当時の厳然たる事実であった。この力は、ポンペイウス、クラッススそしてカエサルの三人に独占されていた。

ポンペイウスは四年間ローマを離れて外敵と戦っており、そろそろ祖国へ戻ってローマ政界の檜舞台に登りたがっていた。このポンペイウスが彼の傀儡《かいらい》ネポスをローマへ送り込み、護民官に出馬させたのである。もしポンペイウスがこの間ローマを離れなかったなら、カティリーナ一味粉砕は、キケローではなくポンペイウスの手によっていたであろう。ポンペイウスの意図は、ネポスを使って元老院貴族政――これは同時に元老院共和政に他ならない――を遵守しているキケローを攻撃し、失墜させることであった。ネポスがローマへ到着したという知らせを聞いて、ポンペイウスが動き出したことを見抜いたのがカトーである。そして六二年の護民官十名の当選者の中にはカトーとネポスの名もあった。

ポンペイウスが自己の名声へ新しい栄誉を加えるには、カティリーナ事件の果敢な処置によって「祖国の父」と讃えられたキケローの政治生命を失墜させることが最も効果的である。この背景のもと、ネポスは民会でキケローの下した処置を違法であると演説した。しかもネポスはこの中でキケローをはっきり恫喝もした。

十二月三十一日、この日はキケローの執政官任期満了日である。毎年この日、執政官は民会で自らの一年の政務を総括する演説をおこなうことが慣例となっていた。しかし、ネポスは護民官の権限を振るってキケローの演説を封じる挙に出た。キケローは「自分は祖国を救ったのだ」という宣誓を簡単におこない、演壇を降りて一般市民から歓呼で迎えられた。

しかし、ポンペイウス側からのキケロー攻撃は弱まりはしなかった。ネポスは、元老院の弱体化（キケローは元老院の中心人物）と、ポンペイウスの考え得る限りの敵対者の排撃を目論み、不在の将軍ポンペイウスの栄光をローマ市内に広める努力を重ねる。そのうえ、ネポスはカエサルをもキケロー追い落としの策動に一枚加わらせることに成功する。

カエサルはカエサルで、この際ポンペイウスの企むキケロー排除に与《くみ》し、その代わりに「改革」

されたローマの政治の指導者に自分がなることをポンペイウスに是認させようと考えた。

一方、キケローの胸中でもカエサルと同じ思いが芽生えていた。彼もポンペイウスと手を結び、将軍としてのこの男の人望と配下の軍団を頼りにしたかった。しかしキケローの手紙には、「ポンペイウスと組むことは国家のために禍《わざわい》となること必定である」とも綴られていた。

ポンペイウスは六二年十二月、ブリンディシウム（今日のブリンディシア）に上陸する。彼はすぐ自分の軍団を解散する。このことは、彼が配下の兵士を使嗾《しそう》して最高権力を手に入れる意図が全くないことを公に示すためである。

ボナ＝ディア醜聞《スキャンダル》

ポンペイウスがローマへ戻った六二年十二月、キケローの身に重大なことが持ち上がった。それはクロディウス事件と言われるものである。クロディウスという貴族出身の三十歳前後の男が、善の女神ボナ＝ディアの祭を祝っているカエサル邸に女装して忍び込んだのである。

この祭には女性だけが参加を許された。しかしこの祭は、男と女の密会の絶好のチャンスでもあった。クロディウスが忍び込んだ理由は、こともあろうにカエサルの妻と密通しようとするものだったらしいのである。クロディウスが声を発したため、その声により女でないことを屋敷の召使に発見されてしまった。この男の動機がカエサルの妻との密通ではなく別のものだったにせよ、大きな醜聞がローマに広がっていった。

元老院の指導者たちは、クロディウスを裁判にかけるべきことを強調した。カエサルはどうしたか。彼は直ちに妻を離縁した。カエサルたるものの妻が密通の嫌疑をかけられること自体、彼女の社会的立場からあってはならないというのがその理由である。一方、彼はクロディウスを裁判の場へ引き出すことには反対する。クロディウスはすでに平民階級の間で一つの力となっていたからである。カエサルが栄光の道を上るにはクロディウスとの絆《きずな》がなんとしても必要であった。他方、妻たるものは取り替え可能であるという冷静な判断がカエサルになされたと見るべきである。

ポンペイウスがローマへ到着したのは、こういう混乱の最中《さなか》である。ポンペイウスはすぐさまクロディウス事件についての意見をローマ市民たちから尋ねられる。彼は答えに窮するのみであった。彼は長い間もっぱら軍団の統率の任に当たり、外敵と戦うことを任務としてきたので、ローマ政界に絡むことには明確な態度を示すことはできなかった。

クロディウス裁判

キケローは、この事件では積極的役割を果たしはしなかった。この役割を担ったのはカトーとホルテンシウスであった。

クロディウスは裁判においてアリバイを主張した。問題の当日はインテラムナというローマから百二十キロ南東の町にいたと述べた。これに対してキケローは証人台に立ち、クロディウスはその日自分を訪ねてきたと反証する。執政官も務め、ローマ最大の政治家としてすでに信望厚い証人によってアリバイが崩されたとあっては、クロディウスの有罪は動かないものであった。この裁判で決定的な力となったのはローマ一の大金持ちで先にカティリーナを見捨てたクラッススである。この吝嗇《りんしょく》家は、クロディウスに貸しをつくろうと企んだのである。この支援のもと、クロディウスは陪審員たちの買収に走った。貧乏のどん底にあった陪審員たちは撒かれた金に目が眩んだ。三十一票対二十五票でクロディウスは放免される。有罪に票を投じた陪審員たちは私兵団を有するクロディウスの復讐《ふくしゅう》を恐れ、身辺に護衛を置いた。無罪を勝ち取ったクロディウスは、配下の暴力団を使うことで、すぐさまローマにとって重大な脅威となった。なおカエサルは、この裁判の証人台に立つことを拒否した。いかにもカエサルらしい。

キケローがクロディウスのアリバイ崩しをしたことについてプルタルコスは、クロディウスの姉のクロディアがキケローに恋心を抱き結婚したがっていたが、このことに腹を立てたキケローの妻がキケローを焚き付けたのであると伝えている。しかし、この報告は疑問である。

カエサルのクロディウス後援

釈放されたクロディウスは、六〇年夏、護民官に出馬することを仄《ほの》めかした。護民官（tribunus plebi は文法的には plebs の与格で、「平民のための」という意味。後に plebis という属格も用いられた。tribunus はローマの地方行政区 tribus の長）とはローマの平民の保護のための公職で、平民会で選出され、定数は十名。政務官の職務行為に拒否権《ウエトー》（＝異議申し立て《インテルケースオー》）をもち、執政官にもこの拒否権への服従を求め得た。護民官の身体は不可侵《サクローサンクトス》であった。護民官は貴族の平民への妥協の産物であり、ローマ共和政の滑車であると同時に留金でもあった。この制度の危険性は人民主権論者ルソーにも指摘された。

ところで、この護民官職は民衆を煽動し、元老院開催の権利を行使してローマ政界を掻き回し、裏で私腹を肥やすにはうってつけの公職である。クロディウスがこの職を手に入れるためには一つの障害があった。と言うのは、この職には平民階級しか就くことができない。彼は貴族であった。とは言え抜け道があった。平民と養子縁組をして貴族でなくなることがそれである。これまでも、この手を使って貴族が護民官となった先例はわずかながらあった。

クロディウスのこの縁組の仲介人はポンペイウスであり、彼はカエサルの容認のもとに動いたのである。カエサルは最高神祇官《ポンティフィクス－マクシムス》でありかつその年の執政官であり、その気になればこの縁組を阻止することができたからである。否むしろ、カエサルこそがこの縁組を望んだのであり、彼はポンペイウスを使ってこの望みを実現させたとみるべきである。

当時、キケローのかつての同僚執政官G＝アントニウスが告訴されていた。キケローはG＝アントニウスとは政治見解を同じくするところはほとんどなかったが、前同僚という誼《よしみ》で弁護に立った。その弁護演説のなかで、キケローは、カエサルが移民法――前述のごとく、ローマの国有地を国民に、実質的には自分の古参兵のために分配しようとするもの――を強引に通そうとして暴力を用いた、と発言してしまった。これに対するカエサルの反応は実に素早かった。彼は、クロディウスを平民と縁組させて護民官当選へとことを運び、この男をキケロー追い落としのアジテーターにしようとしたのである。実はポンペイウスはカエサル－キケロー劇の単なる出出《でだ》しでしかなかった。

そもそもポンペイウスは六二年末ローマに帰国した。軍隊を解散したポンペイウスにその東方での施策や、子飼いの古参兵への土地配分について元老院が問題にする気運が出た。有罪だと財産没収、さらに死刑すら生じる。ローマの政治家が属州統治の総督を務めて帰国した後、常に審問によるこの危険が待っていた。この同じ危機をかいくぐってゆかざるを得ないカエサルが、元老院と対立してポンペイウスを救った。

カエサルの力強い後押しにより、クロディウスは五九年十二月、翌五八年の護民官に当選を果たす。このことにより三頭政治家カエサル、ポンペイウス、クラッススは彼らの意のままに動かせる操り人形・大衆動員の挺子役《てこ》を手に入れたことになる。

キケローの意気消沈は大きかった。政治のなかで動くことが全くできない閉塞状況に立たされた。それでも弁護活動を止めはしなかった。この活動を通して、弟クゥィントゥスを救った。弟が不当な手段で公職を手に入れたとして訴えられた裁判で勝利したのである。しかし、先のG＝アントニウスの裁判ではキケローは敗れた。G＝アントニウスは追放刑となった。またキケローは、ユーモアと機智に富む名弁護によって、彼の執政官時、法務官だった人物の属州総督時代の恐喝の嫌疑を晴らしてやった。

四　キケローの追放と帰国

追放となったキケロー

前執政官キケローの追放という事態は、カエサル、ポンペイウス、クラッススの三者連合に起因する。特にカエサルの一頭抜きん出た政治力学的洞察によって仕組まれたシナリオだった。

カエサルは五九年にビブルスとともに執政官に当選した。この年、カエサルの忠実な支持者の護民官ウァティニウスはいわゆるウァティニウス法を通す。これは、五年間カエサルにこちら側のガリア《ガリア－キテリオル》とイッリュリクム――今日のユーゴスラヴィア地方――での特別軍事指揮権を与えることを決めたものである。元老院はこれに加えて、カエサルに向こう側のガリア《ガリア－ウルテリオル》での同一権限も認めた。

そのうえカエサルは、自分が執政官を退いた翌年、自分がこの三つの属州で振るった軍事指揮権に対して新執政官によって非難や異議が持ち出されないように、クラッススとポンペイウスと合議の上で手を打った。三つの属州の統治を委ねられたカエサルは、膨大な富を属州から吸い上げる機会を手中にした。この富の用途は大規模な軍隊の徴募と編成、周到な政界工作、鷹揚な民衆懐柔の三つである。そもそも当時は強大・強力な軍隊を私兵団的に確保しておくことが最大の政治的安全弁であった。ローマにおいて属州統治が拡大したことがこの動きを加速し、この展開が共和政ローマ、元老院主導のローマを崩壊させる決定的原因となった。三頭政治家とクロディウスらは、キケローとともにカトーもこの際、厄介払いにしようとした。頑固者で元老院門閥派のカトーはキプロスの属州化促進の任務を命じられ、ローマから遠ざけられた。

キケローはポンペイウスを三頭支配から切り崩すことができると読んでいた。しかしこの読みは甘かった。

クロディウスの執拗な攻撃

さて、クロディウスは五八年一月末に「正式の訴訟を経ずにローマ市民を殺害しようとしたり殺害した者は追放に処されるべし」という内容の法律も通してしまう。これは、キケローを標的にしているのは誰の目にも明らかだった。そもそもローマの国是からすれば、ローマ国民に裁判なしで死刑宣告し、死刑を執行することは禁じられていたことも大いにこの企みの支えとなった。

このクロディウスの出した法律は、それに反した者を単に国外追放に処すだけではなく、この者を裁判へ引き出し刑罰を課す「危険」をも孕《はら》むものであった。クロディウスは民会ではなく平民会を召集し、強引にこの法案を通した（これがやがて彼とポンペイウスの間に軋轢を生む）。しかしながらこの法は、キケローだけを狙って出されたのであり、その意味で不当であり、「そのことがキケローの帰還、名誉回復を早めた」（ハビヒト）と言ってよい。

一方元老院では、二人の法務官がカエサルの執政官時の職務の妥当性について攻撃し始めていた。

カエサルはローマを出る準備をし、募りくる腹立ちとともに事態の推移を息を潜めて見守っていた。そのときヘルウェーティイ族（今日のスイスに住んでいた部族）が、カエサルの統治するガリアの北の境に移動する計画を立てたとの報告が届く。

キケローは、カトーのようにローマを離れて新しい任務に就く気には全くなれなかった。キケローはローマという都市にいわば根付いて政治と哲学に打ち込んだのであり、キケローのローマへの愛着は他の政治家に見られないほど深かった。また彼は、カエサルの軍隊の副官にと打診されたが断った。彼は移民法実施のための派遣団の役も拒否した。しかしローマにとどまっていては、クロディウスのテロに晒されること必定であった。

キケローの最後の頼みの綱はポンペイウスであった。名望ある元老院議員たちはキケローのためを思って、ポンペイウスを訪れ、キケローを助けるよう懇請したが、ポンペイウスからは拒絶の返事しか受け取れなかった。それで彼らは執政官の一人ピソの許へ足を運んだ。しかしピソの答えは、自分は執政官時のキケローのような勇気はない、自分は流血を望まない、キケローがもう一度祖国を救えるのは国を退去することによってでしかない、というものであった。

元老院議員たちのピソへの懇願が空しく退けられた二日後、クロディウスは平民会を開き、執政官二人ピソとガビニウスにキケローの執政官職について詰問した。二人は、キケローの職務遂行には賛成できないと表明した。一方カエサルは、キケロー追い落としの本音を隠して自分はカティリーナ一味の死刑には反対したが、今になって過去へ遡及する法をつくってキケローを裁判にかけることは妥当ではないと発言し、キケローを「擁護」した。しかしこれは少数意見の域を出なかった。

ことここに及び、キケローは友人たちを巡ってどうすべきかを相談する。彼らは異口同音に、この際キケローはローマを退去したほうがよいと勧告する。キケローもこのことばに従うしかなく、数人の友と一緒に深夜ローマを後にした。彼は友アッティクスに、これからは読書と哲学に沈潜すると綴った。

亡命中のキケロー

キケローは亡命の前半五カ月をギリシアのテッサロニカで、後半八カ月をデイラッキウムで過ごした。クロディウスの出した第二の法律は、追放された者はローマから四百マイル以内に留まることを禁じていた。当初マルタへの亡命をキケローは考えていたが、マルタはこの距離内だった。またキケローは学都アテナイでの亡命生活も思わぬことはなかったが、ここはカティリーナ派の巣窟でもあり、断念する。

テッサロニカではマケドニアの財務官プランキウスがその職を辞し、キケローの身辺警護を買って出て、昼夜を分かたずキケローのそばを離れなかった。この男はキケローの出身地アルピーヌムの隣町の生まれであった。

亡命中、キケローはアッティクスに二十六通、妻と子供たちへ四通、弟へ二通手紙を出した。妻への手紙には次のように書かれていた。

わたしは生命にしがみついていない。おまえと再会し、おまえの腕のなかで死ぬことが唯一の願いである。

このキケローの亡命中、涙を流したのは当のキケローだけではない。執政官命令で公的哀悼を禁じられた元老院議員たちも涙を流したと伝えられる。

キケローの帰国を押し出したもの

そのうちローマの政治状勢が、キケローの帰国を準備する道を次第に開いてゆく。クロディウスは「暴徒の王」（ペーターソン）となり、見境なく暴力を用いるようになる。しかし、彼は単に治安を掻き乱すことを喜んでいるのではなかった。彼の真の魂胆は金であった。この男はポンペイウスやカエサルの領分にまで干渉する。ポンペイウスは町中に出るのは危険と判断し、屋敷に籠ってしまう。ポンペイウスはカエサルがガリアへ出征しローマを留守にしている間に元老院に大きく接近した。クロディウスにとって元老院貴族政は粉砕すべきもの以外の何物でもなかったので、ポンペイウスはクロディウスの敵となった。クロディウスの跋扈《ばっこ》を押さえる手立てはポンペイウスと元老院の連携しかなかった。このクロディウスは別の仕方で身体的生命を落とすことになる。

クロディウスはポンペイウスの息のかかっているガビニウス（五八年の執政官）と衝突する。街頭での両派の抗争が激化する。ポンペイウスはカエサルに書簡を送り、キケローの帰国了承を打診する。ポンペイウスは、自分はキケローの帰還に反対しない旨を綴っている。

五七年の護民官の一人にセスティウスが当選する。彼はガリアまで赴き、カエサルと会見してキケローの帰国について話し合う。そして年が改まると、キケローの帰国を認める演説が元老院でおこなわれる。新執政官の一人スピンテルはもともとキケローに好意的であった。また他の一人ネポスは、かつてのキケローへの敵意は何処吹く風で、ポンペイウスの指示に従ってキケロー呼び戻しを訴える。

セスティウスと同じく護民官に就いたのがミロである。彼はクロディウスと張り合って、自分の私兵（暴力団）を組織する。キケローの帰国はこの両者が剣闘士を雇って作った暴力団の激突の中で実現するのである。キケローの持つ冷静な政治手腕、元老院に対する指導力、卓抜な説得力が国家の混乱・社会の狂瀾《きょうらん》の打開のため必要とされた、ということである。

キケローの帰国は、彼自身のことばを引けば、「わたしのためではなく、祖国のために」実現したのである。「キケローの名はクロディウスのアナーキに対して奮い起つ叫び声となった」（ペーターソン）。

ローマへ戻ったキケローと感謝演説

キケローは、彼を復権させる法律が通過した八月四日にディラッキウムを後にする。ローマへの道中、キケローは大勢の民衆の熱狂的歓迎振りに驚く。彼は群衆の肩に乗せられてローマへ向かった。一カ月近くかかってローマに到着。あらゆる階層の人たちがキケローを出迎えにカナペ門から雪崩《なだれ》出てきた。

翌日キケローは元老院で帰国の挨拶をする。短い演説で謝意を表するつもりだったが、彼の雄弁を愛でる議員たちに強い喜びを与えなければならないという気持ちに駆られて、彼は長い演説を始める。この最初の部分、しかも骨子を以下に訳出する。

> わたしが我々の父祖たちに感謝するとすれば、それは父祖たちがわたしに生命と自由と国家《レース・プーブリカ》を与えてくれたからであります。わたしが不死なる神々に感謝するとすれば、それは神々の加護によって、こうした幸福を保ち、かつますます大きな幸福を持つようになっているからです。わたしがローマ国民に感謝するとすれば、それはわたしの名誉にとって最も悦ばしい法案を通してくれたからです。かくのごとくわたしが諸君に負う感謝は大きく、ほとんど限りないと言ってよいものです。
>
> 諸君の友情と同意が、今ここにわたしのため、父祖たちの贈物、不死なる神々の加護、ローマ国民の手から受け取った名誉そして諸君自身のすばらしい法律を取り戻してくれたのです。諸君による加護、ローマ国民による加護、父祖たちによる加護、そして不死なる神々による加護、これらすべてをかつてはわたしは幾人かの偉人に負っていました。しかし今や、諸君全員によってこれを取り戻したのです。

実はこの感謝演説は、単に感謝だけを打ち出しているものではない。そこに関わる部分を具体的に示すことは省略するが、クロディウスに放たれた痛烈な罵倒・毒舌もある。キケローはこの男のことを「敵」、「追い剝ぎ」、「極悪な市民」、否「国家の内なる国賊」と扱《こ》きおろしている。プルタルコスによるとクロディウスは、キケローがカティリーナ事件に巻き込まれていたとき、身辺を護る任を務めた男である。この痛罵から見ても、キケローが決して温和一点張りの人間ではなく、いわば荒ぶれた心の持ち主でもあったことも窺える。

またこの演説は、一種の政治的マニフェストの性格を持っている。キケローは、今回の自分の追放劇の真の黒幕はカエサルであることを十分承知していた。名指しはしないものの、キケローは明らかにカエサルを当て擦《こす》ってもいる。

わたしは彼をわたしの敵と呼ぼうとは思わない。しかし、他の者たちから彼がわたしの敵であると呼ばれたとき、彼が沈黙していたことを知っている。

ここでの「彼」がカエサルを指すことは、聴いている者たちに明らかであった。キケローはこう注意を呼び掛けて、カエサルとポンペイウスの間に楔《くさび》を打とうとした。今回の自分の追放に当たって果たしたポンペイウスの役割は、カエサルに強いられての合意であり、消極的なものであるとキケローは受け止めていた。キケローが追放される前から持っていた希望は、カエサル、ポンペイウス、クラッススの三頭政治に意見の摩擦やさらに衝突が生じ、共和国の根幹を守る元老院主導の政治が復興することであった。そのためには、ポンペイウスがカエサルと袂を分かち、元老院側に近づくことが絶対に必要と思われたのである。

『セスティウス弁護』における品格ある平安《クム・ディーグニターテ・オーティウム》

先に進む前に、キケローの有名な語《ことば》のある演説に目を向けたい。五七年の護民官の中にミロやセスティウスがいた。セスティウスは、キケローの帰国をカエサルに働きかけ、その実現の糸口となったキケローの恩人である。この人物は翌五六年、在任中に私兵団を組織してローマを掻き回したとして訴えられた。原告は、クロディウスの依頼を受けたアルビノウァヌスである。セスティウスの弁護人にはキケローの他に、かつてキケローに法廷弁護で敗れたホルテンシウスもいた。弁護の殿《しんがり》を務めたキケローは、当時のローマ社会・ローマ政界を大局的に診断するスケールのもと弁護を展開した。セスティウスは、クロディウスの共和国破壊に対抗してやむなく力を行使したと説いたキケローの弁護は、セスティウスの無罪判決の決め手となった。

キケローの『セスティウス弁護』は、数多く残っているキケローの弁護演説中の白眉と目されている。或る論者は、「ことばのもつ一切の優美と論議が発する一切の力に満ちたもの」（ローソン）とすら称えた。その演説の熱い呼びかけは、「国家よ、ローマ市民よ、さらにイタリアのローマ市民権を与えられた諸君よ、我等は民衆を扇動して野望を実現せんとするいわゆる民衆派《ポプラーレス》の魂胆を見抜き、真の平和、始祖たちの遺風を護った品格のある平安と社会を今こそ力を合わせて回復しようではないか」であった。

「品格ある平安」というキケローの造語は、「階級の協和」（コンコルディア‐オールディヌム）と強く結びつく。

品格と平安の意味について

品格《ディーグニタース》も平安《オーティウム》も決して語として一義的ではない。オーティウムが個人に対して用いられる場合は、私事とか公的活動からの引退を意味する。一方、公的生活にこの語が用いられるとき、平安や市民間の不和から解放されていることを指す。

ディーグニタースも個人と国家に対して意味が違う。それは前者においては、ローマの公人の位や威信や名誉を意味し、後者においては、国家の自由や安寧と同義である。

オーティウムは現実的で経済的な方向を色濃く映しているが、ディーグニタースは、理想的な市民たちの努力目標を含意している（フールマン）。

品格のある平安こそ、キケローにとって元老院主導のローマ共和政の見苦しからざる存立なのである。

三頭政治とキケロー

ローマの混乱の打開を託されたキケローの復権には、次第に暗雲が垂れ籠めるようになる。状況は六三年の執政官の時と同じく、希望の光が射しそうもないものであった。

元老院は以前ほどポンペイウスに執心しなくなった。キケローからすれば、ポンペイウスと元老院貴族政の連携こそが、国家をカエサルが目論む独裁から救う唯一の道であった。元老院の議員たちは、キケローがかつて彼を亡命の余儀なきに追いやったポンペイウスと友誼関係に入っていると侮り始める。貴族階級はポンペイウスの裏をかいては喜ぶ有様だった。しかも、キケローの「天敵」のクロディウスは、キケローの帰国実現という敗北から速やかに立ち直ったのである。

キケローは五六年四月五日、カエサルの考える農地改革法が五月十五日の元老院の議事に上るべきことを提案する。キケローの腹では、この案件が必ず潰されると読んでのことである。このやり方で三頭政治家の中点カエサルを攻撃しようとした。しかしこの法案は五月十五日には論議されなかった。

三頭会談

戦事戦略に三頭政治家中最も秀でているカエサルは、北エトルリアの小さな町のルカ（今日のルッカ）で三頭会談を主催した。この町で五六年四月、カエサルは他の二者と和解したのである。そして将来に向けての新しい取り決めがなされた。その内容は以下のとおりである。ポンペイウスとクラッススは五五年の執政官となる。その後五年間に亘ってポンペイウスはスペイン、クラッススはシリアの総督になる。カエサルのガリアでの総指揮権は、十年間に延長される。

なお、このルカでの三頭会談から四年前、三者の連携が成立している。これが第一次三頭政治のはじまりである。第二次三頭政治は四三年のオクタウィアヌス、アントニウス、レピドゥスの間の連携を指している。

キケローも協力を求められたが、拒否した。この直後キケローが友アッティクスに宛てた手紙には、「(これで) 共和国は失なわれた」(amissa res publica) と書かれていた。

こういう合意と計画により、ローマは再び連携した三人の掌中に握られることになる。この三頭支配は決して法的に正当なものではなく、一種の私的密談であった。

クラッススはこの三者の金庫番的存在である。彼は七三〜七一年にわたってローマを震撼させた奴隷の蜂起スパルタクスの反乱を鎮圧した栄誉に輝いている。彼はまたローマ一の富豪であった。彼がそうなれたのは、彼がスッラの副官を務め、元老院議員たちの大規模な財産の没収の実行者として巨万の富を強奪したことによる。

クラッススとポンペイウスのその後について記しておこう。クラッススは執政官をやめた後東へ行き、五三年自分の軍事的才能を過信し、戦果を期してパルティア人に対して不当な侵略 (クラッススに敵対した五五年護民官カピトの語) を試み、この戦闘で息子とともに斃れる (クラッススはローマへ運ばれて数日後亡くなった)。もしクラッススが彼の仕掛けた戦争で再び大勝利を得たなら (七二〜七一年のスパルタクスの反乱の鎮圧に成功したように）、彼はローマ政治史で輝やかしい一駒を演じたであろう。ポンペイウスは二つのスペイン、つまりこちら側のスペイン《ヒスパニア・キテリオル》と向こう側のスペイン《ヒスパニア・ウルテリオル》を彼の統治属州として受け取るが、彼自身はローマに留まり、副官に両州を統治させた。

　ポンペイウスは、カエサルの望む土地法に対しては、キケローが放った攻撃に別段憤慨を示さなかった。しかし、ルカの三頭会談の後、彼はカエサルの意に沿ってまたもや前の追放劇のときと同様、キケローを裏切ることになる。ポンペイウスはキケローに、カエサル攻撃の動きを止めるように勧告する。これはいわば最後通告《コーンスルトゥム・ウルティムム》であった。キケローは譲歩する他なかった。と言うのは、キケローには強力な支持基盤（軍団）とか支援派閥がなかった。元老院はキケローの雄弁に感動させられながらも、ポンペイウスの実力に引き寄せられていった。キケローが弁論を唯一の武器として元老院を一時的にもまとめ得たのは、その晩年アントニウスとの戦いのときのみである。

　三頭政治家は、キケローにもはや国家のために何かをすることを認めず、ただ友人たちのために何かをする機会を与えた。こうなってはキケローには、政治という公的生活から引退するという名誉ある撤退しか残されていなかった。しかし彼はそうすることができなかった。彼の精神の卓越性は、責任の呼び声をしっかり聞き届けていたのである。彼は自分を追放から呼び戻してくれた元老院や市民たちへこの段階でも献身することを決して忘れなかった。感謝の念が彼を公的生活から引退させなかったのである。キケローは三頭政治に抵抗しなかった。しかも率直に、彼はカエサルについて言った。

わたしがカエサルの敵であったとしても、わたしは彼を支持する。というのは彼は国家の善良な僕《しもべ》であるから。

無論右のことばは、カエサルに「国家の忠実な僕《しもべ》たれ」と呼び掛けていると、解されるべきである。

一方においてキケローは、友アッティクスへの書簡で「国家の安寧と希望は彼ら三人の間の亀裂《ディスケースッス》にかかっている」とも真情を吐露している。

ミロ弁護

キケローは五六年、つまりローマへ戻った翌年からまた活発な法廷弁護活動を始める。一連の弁護演説のなかで彼は、常に政敵への攻撃と自分の友人や政治的仲間の擁護を打ち出している。どの演説でも、クロディウスや他の自分の政敵への批判が噴出している。キケローのおこなった格調高い弁論のなかには、証人への謗《そし》りや過激な批判も混入している。しかしこれは弁護演説として、当時格別批難されることではなかった。キケローは攻撃をクロディウスの他に、五八年の執政官ピソにも繰り出した。キケローのこれら一連の演説は、「偶々発揮された高貴、雄弁、向こう見ず、暴力そして利己心といったローマの公的生活の最も精彩な一枚の絵」（ペーターソン）である。

争乱状態のローマ

五三年のローマは一種の無秩序状態を呈していた。カエサルはガリアにあり、ローマに残っていたポンペイウスは騒乱を前にして強硬な対策をとれなかった。この年は執政官なしに新年を迎え、七月まで執政官不在の異常事態だった。

クロディウスとミロの雇い入れた剣闘士を中軸とする暴力団同士の衝突がローマ市内の到る所で起こる。この背景となっているのは、ポンペイウスとクラッススとの仲間割れであった。クロディウスはクラッススの、ミロはポンペイウスの配下であった。この仲間割れの原因はカエサルである。ガリアに遠征中のカエサルは庇護を約束したエジプト――王プトレマイオス＝レトゥルスは、正嫡ではないが、カエサルは莫大な謝礼で正式の王と認めた――からの甘い汁を六〇〇〇タラントでクラッススに譲っていた。クラッススとポンペイウスの激突はここから生まれた。そして五二年一月十八日、アッピア街道のボウィラエでクロディウスと彼の凶悪な仲間はミロと彼の人殺し集団と激しく争った。クロディウスは負傷し小屋に運ばれる。ミロは彼を引きずり出して殺害した。彼の死体はローマに運ばれ、暴徒によって焼かれる。暴徒のあらゆる熱狂が解き放たれた。

このクロディウス殺害の経緯は、裁判でミロが言ったところによると次のようなものであった。ミロは妻や召使、奴隷を連れてボウィラエの先のラナウィウム――彼はそこの神官でもあった――へ行くところだった。その道すがらクロディウスの一団と遭遇し、争いとなった。

この大混乱を収拾するため、五二年にポンペイウスは八月までの期限付きで単独執政官（consul

sine callega）に任命される。前例のないこの単独執政官職は、カエサルと五九年同期執政官のビブルスによって発議され、カトーの後盾によって実現した。この二人はポンペイウスに特に愛顧の念を持っていたわけではないが、大嵐を予想させる時の状況がポンペイウスを必要としたのである。

ミロ裁判

クロディウス殺害から百日後、ミロは裁判にかけられる。ミロはクロディウスと較べて特に善人でもなく、彼を弁護することは当然とは言えなかったが、キケローは弁護を実質的に一人で引き受けた。ミロはキケローの帰還の実現に最も積極的な役割を果たしたので、このことへの恩義が背景となっていた。一方のクロディウスはキケローの不倶戴天の敵であった。キケローにこの男を亡き者にしてくれたミロへの感謝が働いていたのは否定できない。

この裁判でキケローは、「ミロは自らを守るためにあのような行為に及んだ。クロディウスは十分死に値する」と論陣を張った。裁判が始まるとクロディウス派の暴徒が広場に蝟集する。機を見るに敏なる単独執政官ポンペイウスはミロの有罪を望むとはっきり表明した。キケローは広場を埋めつくしたクロディウス派の暴徒とポンペイウス配下の兵士たちを見る羽目になった。キケローの勇気は挫け、いつものような雄弁を発揮できず、その弁護は失敗に終わった。

ミロは追放となる。ローマはポンペイウスのもとで束の間の平安を迎えた。敗れたキケローが必ずしも意気消沈に陥らなかったのは、彼の強さである。フールマンによると、キケローは時の権力者の意志に抗うことは決して無意味でないことを確信していたのである。

五　キリキアの総督として

キリキアの地

五一年二月、キケローはキリキアの総督を元老院より命ぜられる。この出発前にキケローの『国家について』は脱稿された。「あなたのこの著作は大変な反響を巻き起こしています」という手紙をルフスという若者から受け取ったのは、イタリアを出航して数日後のことである。キケローはこの若者に自分の留守中のローマの政治状況を早めに知らせるよう託していた。キケローの任地キリキアは、今日のトルコの南に位置し、東で一番大きな属州である。キリキアはローマにとって戦略上極めて重要であった。

シリア属州と隣り合わせのキリキア属州は、西部では山岳が海に直接延びていた。この地は建材の産地でありかつ海賊の本拠地でもあった。ローマがどれほど海賊に悩まされたかは、ローマには海賊退治の非常時軍事大権があったことが雄弁に示している。

かつてアレキサンドロス大王の後継者《ディアドコス》の領土だったこの地は、前二世紀、セレウコス王家の統治が実質的に消滅し、海賊たちが跳梁するところとなった。地域住民の懇請でローマ人がその討伐に当たることになり、M＝アントニウス（雄弁家としてL＝クラッススと共にキケローによって賞讃された。キケローの強敵となった人物の祖父）が彼らを打ち破り、この地を属州キリキアとした。一〇二年から一〇〇年にかけてのことである。

しかし、討伐は完全には成功せず、またもや海賊が跋扈《ばっこ》するところとなる。カエサルも二十五歳のとき（七五年）この地の海賊に捕えられ、身代金を払って解放されている。彼はオデュッセウスばりの知慮により、後にこの海賊たちを作戦にかけて退治している。ようやくポンペイウスによって海賊掃討は成功する。彼は敗れた海賊に比較的穏便な処置をとり、定住地にキリキアの町ソロイを与えた。

キリキアへ赴くキケロー

都会人キケローは地方暮らしがもともと好きではなく、この地に赴任した当初、総督職は重苦しい義務としか思われなかった。その点カエサルは違う。カエサルは森林地帯ガリアでの広汎な統治と反乱の鎮圧を果断と熟慮でこなし、ローマ国家の拡大と安定に努め、やがてその凡ての領土を自分の支配下に置く野望を心中深く秘めていたのである。そこから見るとキケローには弱虫という面があるのは否定できない。

キケローにとってこの総督職は、「第二回目の国外追放」（フールマン）であった。文人キケローにとってローマでの生活こそは真の意味での生活、人間性豊かな活気ある日常であった。ローマにおける社交、雄弁、そしてこれに支えられての読書、執筆こそキケローを生きる喜びで満たすものなのである。キケロー曰く、「キリキアでは光、広場、都市、我が住まい、汝らすべてが失われている」と。

ローマを出発して三カ月後の七月三十一日、キケローはその統治領域の最初の都市ラオディケイアに到着する。そのときパルティア人がローマ属州を越えたらしいという報告を受ける。パルティア人は、ローマの東の国境に接して住む騎馬民族である。キケローは配下の軍団の弱体さを顧慮すると、直ちに進軍することには踏み切れなかった。彼は元老院に援軍を要請し、その到着を待って追撃を始めた。文人キケローといえども、属州総督の役割、つまり属州の総司令官たる責務がある。公職権限の一体性はローマ国家の国是、いわばローマ国家の「政治哲学」であり、軍隊指揮は国務執行に随伴する責務だった。「公職権限の一体性がローマ的思考の特色である」（E＝マイヤー）。

パルティア人がカッパドキアを越えて進攻しないということをキケローが知った後、彼は軍をキリキアとシリアの境界山脈アマースへ向けた。その目標はこの山岳地帯にいるエレウテロキリコス人であった。彼らはこれまで一度もローマに服従せず、キリキアとシリア両属州の密なる連携をことあるごとに妨げてきた。キケローは山岳を隈なく捜索し、いくつかの村落と堡塁を焼き払い、住民を殺しまた捕縛した。

インペラートル＝キケロー

キケローはその後、イソスに陣営を設けた。彼はイソス進軍の際、兵士たちに最高指揮者《インペラートル》と歓呼される。第二次ポエニ戦争（二一八〜二〇一年）以後ローマでは、大勝利を収めた軍隊指導者はこの呼び名で讃えられた。キケローもこの栄誉を得たのである（一八〇年アエミリウス＝パウルスが最初）。この称号を持つ者たちは、通常このインペラートルでのみ呼ばれた。しかも彼らにはローマ帰還の際、凱旋式《トリウンプス》が認められた。キケローは自分がこの名に値するとは考えなかった。軍事的勝利は古参将校の力に拠ったからである。晩秋、エレウテロキリコス人との二回目の戦闘が始まった。キケローは二カ月間彼らの山岳要塞を包囲し、彼らを降伏に追い込んだ。キケローは軍団の兵士たちに要塞内を略奪して回ることを許可する。従軍している奴隷商人に売られた捕虜から得た金額は十二万セステルスに達した。

冬と翌年の初め、キケローは属州民の統治とりわけ法訴訟に関わった。属州総督は夏から秋には反乱の鎮圧、冬から春にかけては行政・司法に当たった。つまり属州総督は彼の所管属州の戦力の指導者であると同時に、民政の最高責任者でもあった。これも公職権限の一体性による。根が文人のキケローには、戦闘は性に合わなかったが、先の勝利は彼をして「わたしの生涯でこれほど心浮きたつことはなかった」と、友アッティクスへの手紙で言わしめている。

なお属州統治には属州法（lex provinciae）があり、各属州で異なっていた。キケローが属州統治で心がけたのは次の三つ、正義、寡欲、慈悲である。彼の前任者は属州収奪を良心の苛責なしにおこなった。この男はかのクロディウスの弟だった。前任者の圧政はキケロー着任後も尾を引いていた。とは言え、キケローの施政は好対照だった。

五〇年の初め、キケローの心を覆った「暗雲」は、パルティア人のもたらす危険が続き、自分が属州統治から離れられなくなるのではないかという不安だった。都会人キケローは暗澹たる思いだった。しかし、この危惧は現実のものとならず、パルティア人はローマの領土を立ち退いた。六月末キケローは任地を去ることができた。

帰国途上にカエサルとポンペイウスの対立を聞く　ロドスを経てエペソスに十一月の初めに入り、アテナイへ出航するのに好都合な風をキケローは待った。そこへ、ローマではカエサル派とポンペイウス派へ人心が二分し、内乱になる兆しが出ているという報告が入った。カエサルとポンペイウスは共にそれぞれキケローに手紙を送り、取り込みを図る。キケローの頭にはこの二人の対決の帰趨とは別に、キリキアでの戦勝とインペラートルの称号を得たことにより、自分の凱旋式がローマで挙行されるかもしれないという期待が現れてきた。そして彼は、属州での勝利によって自分にも多数の支持者ができ、カエサルとポンペイウスの間に割って入れるのではないかとも思った。しかしそれは甘かった。

十一月二十四日、ブリンディシウムに上陸したキケローは、妻テレンティアと一年振りに再会する。十二月まで彼の地所のいくつかに寄り、特にクラニウスで保養する。四九年一月四日、ローマの町の境門に到着。凱旋式を待つ者はここで待機しなければならなかった。そもそも属州の総督には、ローマの市内には平服に着替えて一市民として入ることが義務づけられていた。

六　市民戦争――カエサルとポンペイウスの激突

ローマを二分したカエサルとポンペイウスとの権力闘争《マハトカンプフ》（＝市民戦争 Bellum Civile）の具体的叙述の前に、戦いの経過をキケローを軸にして示そう。

カエサルとポンペイウスの戦いの経過

＊四九年一月十二日／カエサルは麾下《きか》の軍団を率いて、ローマと属州との境界ルビコン河を渡る。市民戦争の皮切りである。なおポンペイウスの妻はカエサルの娘ユリアであったが、前年彼女は亡くなり、両者の姻戚関係は切れていた。

＊一月十八日／キケローは、両者のいずれに与《くみ》するか、あるいは中立を保つべきか迷っていたが、最終的にはポンペイウス側に就くことにする。というのは、ポンペイウスは、ともかく共和政・元老院貴族政を中軸とするローマの国是を守ろうとしているとキケローは判断したからである。

＊三月二十八日／カエサルがキケローをフォルミアエの別荘に訪問する。しかし、キケローはこれを機にポンペイウス支持を貫くことをはっきりと決意する。

＊六月七日／キケローはギリシアのポンペイウス軍に加わるべく出航する。

＊七月から四八年八月／この間キケローは、ポンペイウスの陣営の軍事的準備が穴だらけなのを批

判的な目で見、次第に自軍の勝利が不可能であることを悟ってゆく。
＊八月五日／ファルサロスの海戦で、カエサルはポンペイウスを敗る。
＊九月／敗れたポンペイウスはエジプトへ遁走する。エジプト王家は彼を匿《かくま》うか否か迷ったが、カエサルに与するほうを選び、ポンペイウスを騙して殺す。カエサル一年間の独裁官になる。
＊四七年十二月／アフリカ戦争始まる。
＊四六年四月／カエサルがアフリカ戦争に勝利。ポンペイウス側のカトー自殺。キケロー降伏。
＊十一月／ヒスパニア戦開始される。カエサル十年間の独裁官となる。
＊四五年三月／ヒスパニア戦でカエサルはポンペイウスの息子の軍団を敗戦に追い込む。
＊四四年／カエサル、死の一カ月前終身独裁官となる。

元老院の抱くカエサルへの恐怖

カエサルはローマの国法に背いて、ルビコンを渡河した。当時ルビコン以北は属州であり、ローマ共和国の外であった。属州の総督（先述したが、彼らは同時に属州の軍の総司令官でもある）は国境を越える場合、指揮下の軍団を解散すべきとされていた。つまり配下の軍隊をローマへ「持ち込ん」ではいけないのである。これに反する者は反逆者《ホスティス》・国賊の烙印を押される。カエサルの決断はこのことを承知の上のことであった。

しかし、このような反逆的行動はカエサルが初めてではない。スッラも八四年、ローマ本土へ進軍して権力を掌握したのである。つまりスッラはクーデターに成功した。

カエサルの渡河は、ポンペイウスの勢力が元老院の後押しで強力なものになってゆくことを挙手傍観してはいられないといった事態では、実はない。というのは、四九年一月七日に元老院は、カエサルに対して速やかに軍団を解散し、ローマへ戻るべしと通告していたからである。これこそが内乱の実質的な始まりなのである。

カエサルがガリアやゲルマニアでいかに目覚ましく困難な戦いをし、赫々《かっかく》たる勝利をほぼ全勝の形で遂げたかは、彼の『ガリア戦記』が十分に語っている。この著の訳者國原吉之助氏の解説（講談社学術文庫）によると、「カエサルはわずか四、五万の軍団兵と、ほぼ同数の援軍とでもって、三百万の敵と渡り合い、百万人を殺し、百万人を捕虜とし、八百の町を陥《おとし》れ、三百の部族を屈服させた」のである。正しくガリア戦争（Bellum Gallicum）全体がカエサルの功績表《レース・ゲスタエ》であった。カエサルはガリアでの戦いまではローマの一級の雄弁家にすぎなかった。ガリアにおいてカエサルは「ローマで最も卓抜した将軍になった」（アドコック）のである。

カエサルについて

ローマ史は、カエサル像をめぐって動き、時代によってカエサルを別様に色付ける。カエサルの人となりについて、その少年・青年時代はほとんど何も伝えられていない。スエトニウスの『カエサルの生涯について』は、「彼は武器を極めてうまく扱った。優れた騎手であり、驚くほど忍耐強かった。行軍の際、馬に乗るよりも徒歩の方が多かった。

長距離を彼は信じられない速度で進んだ。一日一〇〇マイル（一六〇キロメートル）も」と書いている。なお、カエサル像の変遷についてはクリストの好著『カエサル』がある。

カエサルの『内乱記』は、カエサル軍が、食糧に事欠かないポンペイウス軍に対して、いかに食べ物に窮し、雑草すら食べて堅忍不抜の意志で困難な戦いを貫いたかが活写されている。スイスの文化史家ブルクハルトは、「歴史の一切の偉大さはカエサルという驚嘆すべき人物像のなかに集約されている」と述べている。

カエサルとポンペイウスの対立の構図

五〇年五月、キケローがまだローマへ戻る前、元老院はパルティア人（キケローが戦った）が進攻してくるのを危惧し、カエサルとポンペイウスに東方防衛のため一軍団を国家に与えることを勧告した。ローマの軍団《レギオー》は三十ほどあり、それらは無論、国軍として共和国の軍隊であって、軍団司令官や属州総督の私兵団ではない。軍団はほぼ六千名の兵士から成り、軍団長（司令官）は現役元老院議員がほぼ務めた。軍団を束ねる総指令官も執政官職や法務官職を務めた文官であった。

ところが、軍隊や軍団は司令官の命令で常に動き、戦勝に際しては、略奪した金銀財宝の一部を司令官から報賞として貰う。また打ち負かした部族の住民が奴隷として手柄に応じて分与される。そして兵士たちは奴隷を従軍の奴隷商人に売り、その代金は彼らの懐に入る。かくして軍団の兵士たちは司令官と緊密な恩顧の関係を結ぶ。さらに歴戦の古参兵は退役後の定住地・農地の世話までしてもらう。こういう事情（仕組み）でローマの軍隊は、国家という目に見えない法的権力体よりも、自分たちに戦場で日夜命令した大将軍の意志に当分、否むしろいつまでも従う。寛恕《かんじょ》があり面倒見のよい司令官に対してはなおさらである。そして兵士たちはローマ政治の公職選挙（特に執政官選挙）の大キャンペーン隊ともなった。選挙となると大挙してローマへ馳せ参ずるのである。

ローマは保護者《パトローヌス》と被保護民《クリエンテース》の深い恩顧関係で動く社会であり、この関係つまりクリエンテーラ（英パトロネジ）が毛細血管のようにローマ社会に張り巡らされていた。この連帯、仲間意識のネットワークは複雑を極め、保護者は別の保護者の被保護民であることも稀ではなかった。

五〇年九月、ガリアでの完全勝利の後、カエサルは彼の属州で観兵式を挙行した。この席でカエサルは彼の軍団の一つの第十三軍団をこちら側のガリア《ガリア・キテリオル》へ配置することを宣する。この軍団は、先の元老院勧告に従いシリアの軍務へ派遣されていた。

ローマへはカエサルがこちら側のガリアに一軍団ではなく、四軍団に増強した軍を置いたという噂が届く。それで元老院には、カエサルが大軍を以てアルプスを越える意図があるのではないかという疑心暗鬼が生まれる。十月、執政官マルケッルスは、カエサルを公敵《ホスティス》と宣言する動議を元老院に提出する。激しい討議が闘わされた後、動議は否決された。しかしカエサルの仇敵であるマルケッルスは、自らの権威と次期執政官に選ばれていたレントゥルスの権威を盾に、ポンペイウスの許へ向かう。先にポンペイウスがカエサルに貸していた一軍団と自分の一軍団はカプアに待機中でまだシリアへ出動していなかったが、この二軍団の指揮をポンペイウスが執ること、そして兵士を徴集すべきことをマルケッルスは勧める。ポンペイウスはそれに応ずる強い気持ちはなかったが、結局そのことばに従って新たに徴兵を始める。

カエサルの進軍

四九年一月、元老院は国策一般の審議のため会議を七月まで開いた。ここへ届けられたカエサルの最終提案は次の内容のものであった。「もしポンペイウスが軍団を撤退させるなら、自分もこちら側のガリアの軍団を同じく撤退させる。さもなくば、すぐに国家と自己を防衛するであろう」。

護民官M＝アントニウスとQ＝カッシウスはローマを去り、カエサルの許に参じた。このことは重要な意味を持つ。護民官がローマから逃亡すると公敵と宣告される。従って、カエサルには護民官を保護することで国家体制を守るという大義名分が出てくる。その身体が不可侵《サクローサンクトウス》とされる護民官を「手に入れた」カエサルは、戦いの決意が高まったとも言える。この二人とともにキケローの若い友クリオもカエサル側へ走った。

ルビコン河を渡ったカエサルは、一月十三日にイタリア東海岸の重要な町アルミニム（今日のリミニ）を奪う。そして三日間で海岸に面した三つの町を占領した。東部エトルリアの堅固な要塞アレティウスと中部ウンブリアのイグニウィムも手中に収める。これらの成功により、カエサルは北部イタリアでの強固な足場を築いた。

カエサル軍の怒濤の進攻、破竹の攻略の知らせは、ローマの元老院を驚愕と狼狽に陥らせた。イタリアにおける戦争が元老院で宣せられる。

カエサルとポンペイウスの交渉

ポンペイウスは若い時、その機敏さで有名であった。他方カエサルは岩のごとく動かない性格の持ち主とされる。ポンペイウスはカエサルの進軍の速さと攻撃の矢継ぎ早の成功を知り、自軍がもはやローマを持ち堪《こた》えるのは不可能であると支持者たちに言明する。そして、彼は政務官と元老院議員に自分とともに南へ逃げ、そこでカエサル軍を迎え撃つことを提言する。二人の執政官マルケッルスとレントゥルス、多くの政務官、元老院の大多数の議員、さらに大勢の富裕な騎士たちがポンペイウスと行動をともにした。

ポンペイウスはカエサルに二人の使者を送り、戦争宣言を伝える。ポンペイウスは、自分は単にカエサルへの個人的敵意からではなく、国家を救わんがためにやむなく矛を構えた旨を説明した。カエサルはこの使節に彼の提案文書を持たせて帰した。その内容は、カエサルは自分の三つの属州(こちら側のガリア、向こう側のガリア、そしてイッリキウム)を放棄してローマへ帰り執政官職に就く、このことを貴下との会談で詳細に取り決めたい、というものであった。

一月二十四日、この回答を受け取ったポンペイウスは、折り返しカエサルに手紙を届けさせた。その内容は、もしカエサルが占領したイタリア諸都市を明け渡して彼の属州へ戻るならば、この提案を受け入れる、というものであった。二十八日にこの返書をカエサルは受け取った。しかしカエサルには、不明確な約束と見返りに自分の軍事的成果を放棄する気は起こらなかった。提案は拒絶される。かくて干戈《かんか》は交えられた。

ポンペイウスには、カエサルが持っていない海軍、すなわち艦船があった。一旦イタリア本土を離れたポンペイウスは、軍事力に関してはカエサルに断固たる優越感を持っており、カエサルに屈服したくなかった。両者相互の呼びかけは、当初から激突を回避することにはなりえなかった。

カエサルとしては、自分の身の安全と執政官ポストの保証が認められれば、ポンペイウスとの戦いは避けたかった。カエサルは属州での戦闘の拡大と勝利の容易ならざることに鑑み、それまでにガリアやゲルマンの部族から補助軍団をつくっている。軍団の新設は元老院の承認を必要とした。しかしそれを待っていては戦いの機動性は大いに損われる。

そしてこういうカエサルの反乱鎮圧の処置が、属州の総司令官を退いた後で問題とされる恐れがあった。と同時に、カエサルの果たした他の何人も手にすることのなかったガリアやゲルマニアでの勝利の連続は、元老院において、武勲への羨望を嫉妬、さらには告訴へと変じさせてゆく可能性を秘めていた。

ローマ史の大家モムゼンは、カエサルとポンペイウスとの戦いを独裁政を目指す二人の衝突と捉えた。一方、E＝マイヤーは、この戦いの背景には三つの国家形態があったと指摘する。カエサルの目指した独裁政、元老院貴族政という形での共和政、ポンペイウスの目指した国家の軍事と政治に最高の影響力を行使できる国家第一位の市民による統治の三つである。マイヤーの把握が正しいであろう。

キケローと市民戦争

四九年三月十一日のキケローのアッティクス宛ての書簡には、カエサルとの会見を決意したことが仄《ほの》めかされている。三月二十八日、カエサルはフォルミアエにキケローを訪れた。ペーターソンによると、キケローの生涯に四度偉大な日がある。一番目は六三年十二月五日、カティリーナ派五人の処刑を非常時大権のもとにおこなった日。二番目は六〇年、バルブスとの会見において三頭政治に支持を与えることを拒否した日。三番目が先のカエサルの来た日。そして四番目は四四年十二月二十日、オクタウィアヌスとデキムス＝ブルートゥスのために全権委任を元老院に発布させた日である。

三月二十八日の会談で、キケローはカエサル側に参ずることを拒否した。ローマへ行こうとしないキケローのいるフォルミアエにカエサルは三日間滞在した後、説得をあきらめてローマへ戻り元老院会議を召集した。しかし元老院の大勢はカエサルに従わない方針を示す。カエサルは、元老院の賛同なしにもポンペイウスを追撃することを表明する。

キケローはアッティクスに完全中立を忠告されたが、当初の決意を変えずポンペイウス軍に加わるためギリシアへ向かう。妻テレンティアと娘トゥッリアもスペインでの両軍の戦いが終わるまで帰趨を見ているように懇願するが、キケローは出発した。さらにカトーも、自分は反カエサルの最初からの立場を棄て得ないが、キケローはローマに留まり中立を守っているべきだと説得するが、キケローは聞き入れなかった。

キケローはポンペイウス側に決して両手をあげて加わったのではない。ポーランドのすぐれたキケロー学者クマニエキーは、キケローは「より大きな悪＝カエサル」と、「より小さな悪＝ポンペイウス」の間で選択したと指摘している。キケローはポンペイウスが勝利しても独裁政が到来することを見通していた。

ポンペイウス逃亡

四八年八月九日、カエサルはポンペイウス軍をマケドニア南部のファルサロスで撃破する。ポンペイウス陣営のキケロー、カトーそしてウァッロ（博学者、著述家）はじめ多くの元老院議員はディラッキウムに留まる。キケローはこのファルサロスの戦いに病気のため加わらなかったとプルタルコスは書いているが、キケロー研究者は凡てこれを否定する。

ポンペイウスは東へ逃げる。ポンペイウス派の元老院議員たちはコネイラへ行き、爾後《じご》の協議をする。カトーはディラッキウムに多数の軍隊と大艦隊を持っていたので、ポンペイウス逃亡後、共和国軍の最高司令官を請われた。しかし法務官歴のみのカトーは固辞し、キケローにこの地位に就くように頼んだが、キケローは断った。軍の指導から全く遠のいているというのがその理由である。その場にいたポンペイウスの息子（グナエウス＝ポンペイウス）が「裏切り者！」と声を上げ、キケローに切りつけた。間一髪カトーが割って入り、キケローの命は救われた。

ポンペイウス派の大部分は属州アフリカに出航する。キケローと弟クゥィントゥスはまずパトラエへ行き、さらにクウィントゥスとその息子は東へ向かってカエサルと和解しようとした。キケローはブリンディシウムに帰り、そこでカエサルが東方から戻るまで十一カ月間待機した。

カエサルの完勝

カエサルは最も切迫している事柄を整理するためにわずかの期間ローマに留まる。そのために四七年九月、彼はイタリアへ帰還する。タレントゥムに上陸したカエサルがブリンディシウムに近づくと、キケローが出迎えていた。カエサルは、自分に敵対したキケローに温かい声をかける。親密な会話が二人の間で長い道中続いた。カエサルは馬から降り、自キケローがローマ市内に入れることを寛大に保障した。カエサルは自分に反旗を翻した者たちにも実に寛大である。ガリア戦争でもそうであった。「カエサルの寛恕《かんじょ》」(Clementia Caesaris) ということばができたほどである。

カエサルは四七年十一月末にローマを離れ、再びアフリカの戦場へ向かった。すでにポンペイウスは、頼りにして逃げ込んだエジプトでプトレマイオス王家の手で四八年九月に殺されている。属州アフリカは、ポンペイウス亡き後の共和国軍とカエサル軍との最後の決戦場であった。四六年四月にカエサルはアフリカのタプソスで勝利する。このタプソスの北にある町ウティカの司令官をしていたカトーは、カエサルの独裁政治を見て暮らすことを峻拒し、自殺を選ぶ。かくてこのカトー(小カトー)はカトー「ウティケンシス」と呼ばれるようになった。キケローは、この頑固なストア派哲人でもあったカトーについて、「自然が信じられない威厳を分け与えた人」と称讃した(『義務について』1・112）が、その一方、同盟諸邦の願いに首を左右に振った頑固者として批判してもいる（同3・88）。「カトーは自殺によって共和国の没落を封印した」（ギーベル）。カトーはキケローとは違い、妥協のない人間であり「カエサルの寛恕」に浴したくなかった。そもそも「カエサルの寛恕は共和国死滅の間接証拠」（ホイス）であり、カトーは、カエサルの寛恕を独裁者の法律違反に基づく処置だとして認めようとしなかったのである。

四六年夏にローマ入りをしたカエサルは、ガリア、エジプト、小アジア、アフリカでの勝利を祝して四つの凱旋式で迎えられる。その最中カエサルに、ポンペイウスの二人の息子がスペインの十三個軍団の戦力を集結させたことが伝えられる。四五年三月、ムンダでこの軍勢も敗退する。共和国を二分した内戦（Bellum Civele）はここに終熄した。強大な海軍力をもっていたポンペイウスが敗れたことは、カエサルの作戦の驚くべき緻密さを示している。

独裁官カエサルのもと、ローマは四七〜四六年一応平穏となった。カエサルの息のかかったガイウス＝オッピウスとバルブスが、カエサル不在中、ローマの秩序を維持させた。

キケローとカエサル

キケローは、ローマ共和政を切り崩し独裁政を敷いたカエサルとは全く国家観を異にしていた。背後に軍団や兵士の支持基盤を全くもたなかったキケローには、カエサルとの徹底的抗戦はそもそも不可能である。ポンペイウス陣営に加わったキケローは、敗戦後「カエサルの寛恕」に浴して生命を長らえた。しかし、その後一貫してキケローにはカエサルは国賊であった。カエサルの寛恕ということについても、寛恕そのものからするとキケローはまだ不足であることをカエサル亡き後、言明する。カエサルは、反乱したゲルマンの部族が城壁に破城槌が触れる前に投降したら命を助けるとしたが、キケローはたとえ城壁を打ち砕いた後でも、武器を捨て降服したら助命してやるべしと言っている（『義務について』1・36）。

カエサルもキケローと肩を並べる雄弁家であった。カエサルはロドス島に渡ってアポロニオス・モロンに就いて雄弁術を学んだ。しかし彼は自分はキケローにはかなわない第二位の雄弁家であると言っている。軍務を主としたカエサルは、雄弁を磨く余裕が自分にないことをその理由としている。しかしこれは「カエサル一流の皮肉」（アドコック）である。

カエサルが大金をばらまいて大衆の人気を獲得するさまを見て、ローマ共和政が蚕食されてゆくこと、看過していると事態は容易ならざるものに変ずることを見抜いていたのは、ただ一人キケローのみであったとプルタルコスは伝えている。元老院の他の議員たちは、やがてカエサルの金が尽きるであろうと高を括っていたのである。

七　カエサルの独裁と暗殺そしてキケローの最後

カエサルがムンダ――ムンダのあるスペインはポンペイウスの兵士たちが定住していた――でポンペイウスの二人の息子と十三個軍団を撃破しローマに戻ってくる前に、キケローはトゥスクルムの別荘に引き籠った。この頃彼は、後にカエサル殺害の首謀者となる二十五歳の若者マルクス＝ブルートゥスと手紙で緊密に思想の交換をしている。このブルートゥスは、二人の英雄を家系に持ち、ポンペイウスの政敵であった。七八年、ブルートゥスの父は陰険な方法で処刑された。内戦が勃発するとブルートゥスは、生じた事態に彼の個人的感情を敢えて従わせて政敵だったポンペイウスに与《くみ》し、ファルサロスで共に戦った。敗れた後、ブルートゥスはカエサルの寛恕を得た。彼の母はカエサルの愛人と言われている。このブルートゥスの父はカエサルであるとすら見る説もある。

キケローとブルートゥス

キケローはブルートゥスの多彩な才能を買っていた。彼は雄弁家でもあり詩も書いたからである。後にキケローは、この男にカエサル暗殺を正義の行為として「焚きつける」ことになる。

ブルートゥスは、キケローにいわばローマ共和政の「守護霊」となったカトー讃歌の一文を書くことを願った。キケローは応じた。カエサルとその一派の不興を買うのを承知のうえである。これに対してカエサルは、ムンダの戦闘の後に『反カトー』を自ら書いてキケローに反論した。

沈鬱なキケロー

カエサルが終身の独裁官（国務執行のための独裁官《ディクタートル・レイ・ゲルンダエ・カウサー》）となったときから、キケローはそれまで批判的な態度を取っていたエピクロス派の人たちと積極的に交流する。エピクロス派は、政治からの逃避を信条とした一方、友情に満ちた人間関係、快適な交際、教養ある生活を大切にした。キケローはこの派のある信奉者に、「私は国家に関する一切の配慮、元老院での意見開陳に関する一切の熟慮、訴訟演説に関する一切の準備を私の敵対するエピクロス派へ投げ込んでしまった。私は居場所を替えたのである」と述べている。

しかし、我々はこのことばを額面通り受け取ってはならない。キケローはこの派の哲学そのものを受け入れたのでは決してない。この学派への彼の傾きは、キケローの持つ豊かな機知精神とのつながりでしかない。都会人《ホモー・ウルバヌス》キケローは、人との社交に深い喜びを覚える哲学者なのである。キケローとエピクロス派の関係は本著「思想」編を見られたい。

離婚、再婚、娘の死、再離婚

キケローは人生の秋に妻と離婚する。四六年の夏頃のことである。離婚原因は、テレンティアがキケローの政治行動や政治判断にいつも容喙《ようかい》し、このことが積もり積もってキケローには我慢ができなくなったとも言われている。また妻の側からの離婚原因と見られるものは、キケローが妻の持参金、さらに実家からの援助金を借金の返済に当てたことにあるらしい。離婚後キケローは、妻の持参金を返済することになった。テレンティアは『カティリーナの戦い』を書いたサルストと再婚し、後に六一年の執政官を務めたウァレリウス＝メッサッラと再々婚した。彼女は百三歳まで生き、紀元後三年に死んだ。

キケローは離婚の半年後、四十五歳も年下の娘プブリリアと再婚する。世間が六十歳の男が少女のごとき女性と結婚したことに批難を浴びせたとき、キケローは「明日は彼女は女性となる」とつぶやいたとされる。しかしともかく、この結婚には金が決定的な役割を果たしていたのは間違いない。キケローは多額の借金を抱えていた。追放された直後炎上したパルティーナの丘の屋敷は国家が弁済してくれたが、国から出た額では修復に不足であった。キケローは他所にも邸宅・別荘をいくつか持っており、またたくさんの支持者たちの饗応にも多額の金が常時必要だった。

キケローの再婚数週間後、娘トゥッリアが死んだ。愛娘の死に打ちひしがれたキケローは、孤独になりたくて若妻を実家へ返した。彼女はトゥッリアの死を喜んだとプルタルコスは伝えている。この若妻はキケローの許へ再び戻ってこなかった。二人は離婚した。キケローの手紙には、返却すべき持参金のことが触れられている。ローマの法律は、離婚した夫は嫁資《レース・ウクソーリアエ》を直ちに返還しなければならないと定めていた。

キケローの娘トゥッリアは、顔つきも性格も彼によく似ていた。キケローの娘への愛はこのうえなく深かった。若い女と再婚しても、娘の死はキケローを沈痛から離さなかった。トゥッリアは結婚運に恵まれず（再々婚した。三番目の夫はキケローの憂慮した不品行なドラベッラだった）、しかも息子を残して死んだ。しかし考えようによっては、彼女は幸せのうちに死んだとも言える。彼女は、父が法務官そして執政官という国家の重職に就き、インペラートルという称号ももらい、さらにト占官職にも到達したのを自分の目で見ることができた。そして彼女は没落する共和国の最後を見ずに済んだ。そのうえ、父がカエサル亡き後の三頭政治（オクタウィアヌス、アントニウス、レピドゥス）の渦中で凶刃に倒れることにも遭遇しなかったのである。

キケローの友で執政官を務めたセルウィウス゠スルピキウス゠ルフスは、アテナイからキケローに慰めの手紙を送った。この友はその中で「一切の地上的なものの儚さ」を言い、ギリシアのかつて隆盛した国々（アエギナ、メガラ、ピレウス、コリントス）が凡て荒廃してしまったことを綴った。キケローの許にはカエサルからも慰めの書簡が届く。

悲しみを越えて哲学へ

キケローは娘の葬儀の後、アストゥラにある別荘にきた。彼はトゥスクルムの別荘をよく使ったが、そこは娘との思い出が余りに詰まっていた。彼は深い憂愁感と「対話」しつつ、毎日執筆に没頭した。

彼がアストゥラに着いた二日目に書かれたアッティクス宛の書簡には、「悲しみについて、そしていかにそれと出会うか」と「慰め」という随筆が書かれたことが報告されている。

キケローは「慰め」の中で、ローマの偉人たちが子供を失った例を多数引いている。大カトーの同僚執政官レクスは息子を失ったが、葬儀の場からすぐ元老院の建物へ駆けつけて会議を主宰した。

A＝パウルスは、凱旋式中に二人の息子を失ったが、他人のことを話しているかと思われる勇気を以て、この痛手に言及した。ではキケローはどうか。彼にとって生命の源とすら言える共和国は没落し、もはや修復できないものになっている。そして彼の政敵は国家の廃墟の上で威張っている。キケローは「慰め」の中で、あの世で娘と再会できること、娘が神々の許に迎えられること、そしてこの世の者たちが彼女を常に思い出すことを願った、あるいは祈った。

アストゥラで「慰め」を書き終えたキケローは、ラテン語でギリシア哲学の包括的表現をおこなうための計画を立て始めた。ここでのキケローのひたむきな努力は、「哲学にラテン語を教え、いわばローマ市民権を贈ること」（『善と悪の究極について』3・40）であった。六月には『アカデミカ』、八月頃には『善と悪の究極について』、秋には『トゥスクルム荘対談集』、年末までに『神々の本性について』が完成する。これに先立って五二年、五十四歳で『法律について』が書き始められ、五一年に『国家について』が完成しているが、これら六つの著作はキケローの哲学の精華であり、ギリシア哲学のローマ的継承と批判である。

キケローを助けた二人　ローマ共和政の崩壊を辿る前に、キケローの書いたものを今日に残すことに功績のあった二人に触れておきたい。キケローが名文家であったことを示す著作に加えて、彼の雄弁振りをつぶさに伝える演説集そして数多くの書簡が後世に伝わっている。書物については、キケローの無二の親友で出版もおこなっていたアッティクスの支援が大

アッティクスとティロ

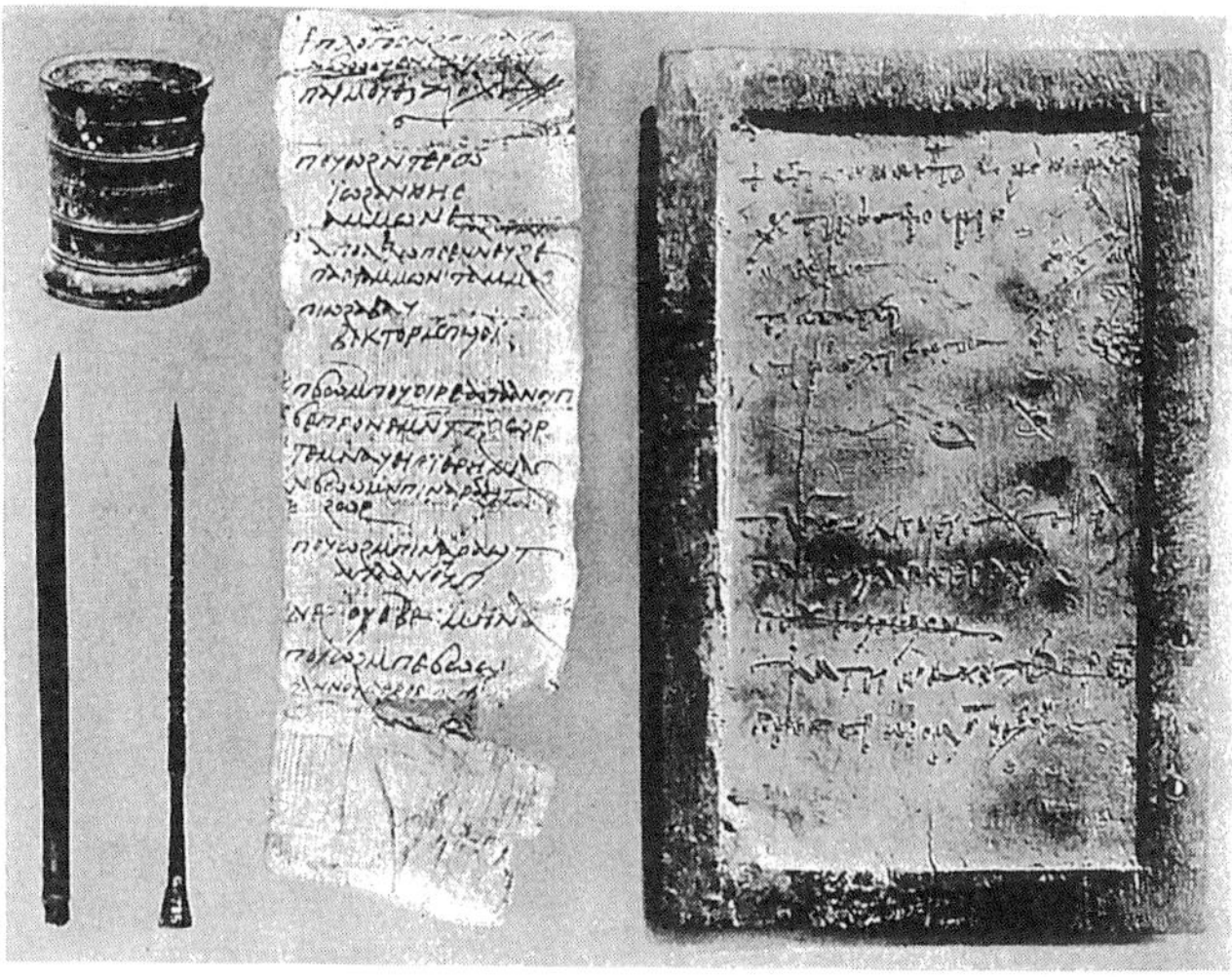

ローマの筆記道具
[左上] インク、油煙と樹液の混合／[左下はじ] 葦の茎のペン／[その隣] 鉄筆／[中] パピルスから作られた紙／[右はじ] 速く書く場合に用いる蠟を塗った板、これを鉄筆で引っ掻いて書く。

きい。彼の本名はティテウス＝ポンポニウスであったが、その該博なギリシア文化に関する教養ゆえにアッティクスと呼ばれた。彼もキケローと同じくローマの騎士階級に属した（妹はキケローの弟の妻）。しかし騎士階級の利害と衝突し、政治の舞台には上がらなかった。エピクロス派の一員であった。キケローの窮状に際しては忠告もおこない、キケローの金の工面もした。アッティクスは当時の最も有力な実業家であり、騎士階級の第一人者と言ってよい。彼はイタリアの到る所に荘園を所有しており、その数を次々と増やすことが唯一の宿望であった。

ティロは解放奴隷で、キケローの秘書にしてその家族の親密な協力者である。キケローの溢れ出ることばを書きとめるため、速記術も編み出したと伝えられている。彼はキケローの承認を得たうえで手紙の写しをとり、キケローの他の草稿と共に保管した。ティロの存在は極めて重要であった。彼なしにはキケローの書いた手紙は今日に残らなかったであろう。

カエサル暗殺の遂行者たち

この企みがどのようにして始められたかは、意外にも今日でも詳《つまびら》かではない。キケローが共和派、つまりカエサル独裁に批判的グループに一貫した行動をとるように進言したことは間違いない。彼はカエサル暗殺の四四年三月十五日《イードゥース》(idus)に、暗殺を成功させた者たちの会合に招かれて出席する。キケローは、この席でカエサルの同僚執政官マルクス＝アントニウスを今から味方に入れることは不可能であると発言した。

カエサル暗殺のイニシアティブを執ったのはG＝C＝ロンギヌスである。しかし彼の義弟M＝ブルートゥスが陰謀の首領に祭り上げられる。というのは、ローマが五〇九年王政を廃止して共和政になったとき、王を追放しこの革命を起こしたのがブルートゥスの祖先と目されていたからである。このブルートゥスはキケローより二十歳も若いが、雄弁家として名を挙げ、その上詩人であり、さらに哲学著作も出していた。キケローは彼を自分の教養の高さの継承者と評価していた。

カエサル暗殺計画が私闘とか政権奪取のクーデターのごときものではなく、ローマ国家の存立を崩壊から救うものである、つまり独裁政への移行を阻止するものであるという確信が暗殺者たちを支え、とにかく彼らを結びつけていた。元老院議員に六十余名の同意者が出、しかも用心深い独裁者を一回の暗殺計画で殪《たお》したことは、彼らの確信と結束の固さを物語っている。

しかしまたこの暗殺グループは、決して同じ心でまとまっていたのではない。カエサルの断固たる政敵だけでなく、かつての支持者も交ざっていた。ブルートゥスとカッシウス――彼もエピクロス派に属していた――は、先の内戦ではポンペイウス陣営にいた。二人はカエサルがパルサルス（テッサリアの町）で勝利を収めた後で恩赦を受けた。両者はカエサルの後ろ盾によって四四年、十五人の法務官の一人として当選する。首謀者の他に、この暗殺計画には名の響いていた幾人もの元老院議員がいた。デキムス＝ブルートゥスが特にそうである。彼はガリアでカエサルの許で戦い、四四年初頭以来、こちら側のガリアの総督であった。他には内戦時マッシリア（今日のマルセイユ）占領の際、傑出した働きでカエサルの勝利に貢献したガイウス＝トレボニウスもいた。

しかしカエサル暗殺を謀った一団は、暗殺成功後の将来像を持っても練ってもいなかった。暗殺者を葬り去れば、共和国ローマが再興されると考えていたが、これは夢想でしかなかった。カエサル亡き後も、カエサルが培った人脈つまり支持者の力、カエサルがイタリアへ植えつけた支援基盤がいかに強固に根付き始めていたかを、彼らは見抜けなかった。カエサルが巻き上げた滑車は、いかに反対派が頑張っても元に戻りはしなかった。そして結局、彼らの行動は「独裁者なき独裁政」（キケロー）を生むことになり、遂に共和政を完全に帝政に転換させることになった。

この暗殺について二つの否定的評価を紹介しておく。『ローマ革命』の著作で有名なサイムは、「彼らは単に自由な国家の伝統と制度のためではなく、彼ら自身の階層の尊厳と利益のために立ち上がったのである」と、彼らの行動の限界を指摘する。『カエサルの独裁政とその根元』の著者アルフェルディは、殺害者を「フェアでないならず者集団」と批難している。

ロー」と叫んだ（クラウス『キケローとカエサル』一九三九年）。

カエサルの遺体から殺害者たちが血に塗れた短刀を抜いたとき、彼らは「キケ

ここで一応、カエサルの弑《しい》される様子を綴ったスエトニウスの『カエサル伝』を出す。

キケローの態度

カエサルが（元老院での執政官）席に着いている間に、陰謀の一味は一見彼に恭順を表すふりをして、彼の周囲に殺到した。そしてすぐさま、最初の役割を担うことになっていたティッリウス＝キンベルがカエサルに接近する。カエサルが別の機会を待つように彼に合図したとき、ティッリウスはカエサルの寛衣《トガ》を両腕で摑んだ。すぐさまカエサルは「それは暴力というものだ！」と叫ぶ。そのときカスカが背後からカエサルの喉の下の部分を傷つけた。カエサルはカスカの腕をぐっと握り、石筆で彼の胸を刺した。カエサルが立ち上がろうとすると、二度目の短刀の突きが襲う。今や周囲から短刀が自分に迫ってくるのを見たカエサルは、寛衣で頭を隠し、同時に左手で寛衣を両脚まで下げた。上品に倒れかつ下半身を隠すためである。こういう姿勢でカエサルは一言も発せずに二十三回の突きを受けた。最初の突きの際だけ彼から溜息が漏れた。もっとも次のように報告する者も幾人かいる。彼は自分に迫ってくるM＝ブルートゥスにギリシア語で「お前もか、我が息子よ！」と言ったと（拙訳）。

さてキケローであるが、前にも述べたが、彼は四五年春、共和政に殉じたカトーを念頭に『カトー』を書いてカエサルを批判した。キケローはローマの伝統的過去に定位していた。彼の最大の哲学書『国家について』は、始祖たちの流儀（善良な者たちの慣習《モース・マイオルム》）を遵守すべしと説いている。それは、元老院貴族政という形の共和政体の貫徹の呼び掛けである。

キケローは、直接カエサル暗殺の謀議に加わらなかったが、この企みは十分知っていたという解釈が今日有力である。キケローはM＝ブルートゥスを焚きつけた節があり、キケローこそカエサル暗殺の黒幕とも言えないことはない。しかし、首謀者ブルートゥスとカッシウスはキケローをカエサル暗殺の謀議に加えなかったのは確実である。

キケローのカエサル評

キケローは、『フィリッポス王弾劾演説に倣って』2において、カエサルを次のように描き出す。

カエサルは天才、明敏さ、記憶力、教養、心の細やかさ、精神の躾そして慎重さを兼ね備えていた。彼は数々の軍事的業績を遂げたが、これらは国家にとって破滅的であったが、しかし意義深いものであった。

長い歳月を貫く彼の意図は、独裁者になることであった。並々ならない労苦と甚大な危険を経て、彼は目標に到達した。彼は無知な大衆を催し物、建築、贈物の配分、公的な酒宴で釣った。

そして友人たちを威嚇で、政敵たちを寛恕の見せかけで縛りつけた。つまり有り体に申せば、彼は我々自由な国民に鈍麻によって隷属と慣習を植え付けたのである（P＝グリマル『キケロー』高田康成訳、クセジュ文庫）。

さらにカエサル暗殺の四四年に書いたキケローの最後の著作『義務について』は、カエサルを「彼はあらゆる神と人間の法を覆した」と批難し、さらにカエサルは「祖国の父」の称号――キケローも然り――を得たのであるが、むしろ「父殺し　patricida（祖国を破滅させた者）である」とまで言い切っている。

キケローがカエサル存命中に書いた『弁論家について』、『国家について』、『法律について』とカエサル暗殺後に成立した諸々の哲学・倫理学の作品は、常にカエサルを対抗軸としている。後者の諸著作は、カエサルの政治路線つまり独裁志向を継がんとする者たちへの指弾の書の意味をもつものである。

カエサル暗殺直後

カエサルの暗殺が残したのは、「息の詰まる空白状態」（フールマン）であった。謀殺は、キケローの望んでいる方向、すなわち元老院の政治力の回復へは進まなかった。しかし、カエサル支持者つまりカエサルの許で戦った古参兵やカエサルに「パンとサーカス」で懐柔されてきたローマの民衆には、すぐ暗殺者たちとの弔い合戦をおこなったり暴動に走る気持ちが起こらなかった。

またカエサル暗殺による国家の「解放者」たちの大きな誤算は、カエサルの同僚執政官M＝アントニウス（八三〜三一年）が彼らに就こうとしなかったことである。しかも彼はカエサル暗殺直後は、暗殺を企てた元老院の一部勢力とむしろ手を結ぼうとしていたのである。なお、彼の祖父で同名の九九年の執政官マルクス＝アントニウスは、九五年の執政官クラッススと共にキケローの青年時代の最も名高い弁論家であった。キケローの雄弁的懇請があれば、アントニウスの心はあるいは変わったかも知れない。しかしキケローはこれを怠った。

アントニウスは五二〜五一年カエサルの許で戦い、四九年護民官としてローマでのカエサルの権益を守った男であり、根っからのカエサル派である。

キケローとアントニウスの対決への道　M＝アントニウスはカエサルの元同僚という権限を有効に用いて、カエサルの遺品、資金、メモまで押さえた。三月十七日、アントニウスは元老院に招かれる。元老院は共和国の再建を求めたと思われる決議とカエサル派の地位保全の決議をした。ここでカエサル暗殺者たちは刑の免除を受けることが認められたと同時に、カエサルの出した命令は正当な法として存続することも決められた。

この元老院決議に重要な役割を演じたのはキケローである。彼はカトーなき後、元老院の押しも押されぬ重鎮であった。現在は政治から遠ざかっていても、今後は元老院の主導者《プリーンケプス＝プリーンキプム》（主導者たちの主導者）となる期待を浴び始めていた。かつ雄弁にかけては彼に並ぶ者がいない。キケローは、はっきりとカエサル暗殺者たちを無罪にすべしと主張した。カエサル独裁を打倒した救国的行動を起こした者たちの無罪は、なんとしても元老院に呑んでもらいたいというのがキケローの熱求するところであった。この提案を通すため、キケローは四〇三年アテナイで僭主政を倒した民主派の人たちが、僭主政に加担した者に認めた大赦《アムネスティア》を模範として持ち出した。

カエサルの発布した法がいまだ有効という元老院決議は、この法の最高執行人に指名されたアントニウスに強大な権利を認めることになる。

アントニウスは極めて強《したた》かな男であり、三月十八日、カエサルの葬儀開催案を元老院で通すことに成功する。アントニウスがカエサルのメモを最大限に、つまり破廉恥にも用いたことと、カエサル葬儀の実行の二つが共和派（自由派）の運命を決めることとなる。挙行された葬儀でカエサルの遺体が広場で火葬され始めると、カエサルの事蹟《レース・ゲスタエ》とその鷹揚振りを思い出した群衆は薪の山から燃えさしをつかみ、一団となってカエサルの敵だった者たちの家へ放火に駆け出した。ブルートゥスとカッシウスのみならず、キケローもローマを一時退去せざるを得なかった。

キケローは、ナポリ湾に面した領地クマエで、友にして同時にカエサル崇拝者マティウスの見解を綴っている。それは「カエサル暗殺は救済のないカオスをつくってしまった」というものである。キケロー自身は、カエサル暗殺後のローマを「僭主政《テュラニス》は生きている。ただ僭主《キュラノス》が死んだのみ」と表している。

両者の激突

キケローの生きた時代は幾種類かの二者間の競闘《アゴーン》があった。キケローとカエサル、カエサルとポンペイウス、キケローとM＝アントニウス、さらにはキケローとクロディウスという具合に、ローマ共和政末期は二者間の競闘《アゴーン》で回転したとも言える。キケローの生涯はアントニウスとの闘いで最後の華を咲かせる。闘いに生命を賭けたからこそ、確かにキケローは敗れた。しかし闘いあってこそキケローは哲学と政治を真に統合し得たのである。

さてアントニウスであるが、彼は根っからの軍人で戦略に長《た》け、大胆不敵な男であった。やがて彼はキケローの生命を奪う張本人となるのだが、この男のキケローへ抱いた憎悪は、単にキケローのアントニウスへ放った歯に衣着せぬ弾劾演説で生じ高まっていったのではない。アントニウスの怨恨の根は深く、義父（再婚した母の夫）に関わっている。この義父レントゥルスは、カティリーナ事件に連座したため、キケローによって死刑に処せられた。そして遺骸さえも、容易に家族に引き渡されなかったとアントニウスは言った。しかしプルタルコスはこの後の条《くだ》りは虚言だとする。

前41年鋳造のアントニウスのデナリウス銀貨

九月十九日、アントニウスは元老院で長い演説をし、キケローへ激しく矛先を向けた。アントニウスはキケローを「カティリーナの仲間たちの殺害、クロディウスの暗殺、カエサルとポンペイウスの決裂」をおこなった悪党として痛罵した。アントニウスの演説は、キケローに言わせると常に「しゃべる」というより「たたきつける」ものだった。このことがきっかけで二人は公に敵対者となった。キケローの『フィリッポス王弾劾演説に倣って』(『ピリッピカ』)は、前四世紀中葉にアテナイの最大の雄弁家デモステネスがマケドニア王フィリッポス二世に対しておこなった攻撃を念頭に置いてつけられたものであるが、これによってキケローは真正面からアントニウスを糾弾した。

その第二書と名づけられたなかで、キケローは次のようにアントニウスを批難する。

マルクス＝アントニウスよ。わたしは貴殿に請う。今度こそは国家のことを想い起こさんことを。貴殿の始祖たちのことを考えよ。貴殿の仲間たちのことをではなく。わたしに関しては貴殿の好きなようにしたまえ。しかし国家とは手を結びたまえ。もっとも、それは貴殿が決めることだ。わたしはわたしのために語ろう。わたしは若い時、共和国のために戦った。わたしは老齢になっても共和国を見捨てないだろう。わたしはカティリーナの短剣を軽蔑した。わたしは貴殿の仲間たちを前にして震えることはないだろう。むしろわたしは貴殿の仲間たちの前に進んで我が身を曝《さら》そう。もしわたしの死によって国民の自由が回復でき、ローマの民衆の苦悩が長い歳月骨折ってきたものを遂に生み出すことができるならば。ほぼ二十年前、まさしくこの神殿で、わたしは「執政官の位置に上った者にとって死は早過ぎることはありえない」と述べた。しかも今や、わたしは老人であるということをもっと真実なこととして言わねばならない。わたしにとって、元老院議員諸君《パトレス・コーンスクリープティ》！　死は望ましくすらあるのだ。結局、わたしは到達し達成した。わたしはただ二つのことを望む。一つは、わたしが死ぬ際にローマ国民を自由にすることを。不死なる神々はわたしにそれ以上の恩恵を認めることはできない。そして国民各位は共和国に対する各自の功績に応じて栄えあらんことを。これが第二の望みである（拙訳）。

キケローの不動の信念

キケローとM＝アントニウスは全面的に訣別する。キケローはプテオリの海岸の別荘に引き籠り、『義務について』を執筆する。この息子へ贈った教育の書は、彼の友人や政敵を国家への義務へと導くことを目指している。さらに若者に人格の高潔さを説いている。キケローは、カエサル派と解放派との安易な妥協・同盟には反対した。キケローにとってローマ共和国への忠誠こそ、その全行動の原本であった。両派の同盟は独裁政に引きずりこまれるものであることを、彼は見抜いていた。

キケローは「ローマのデモステネス」として、ローマの自由を脅かすアントニウスと生命を賭けた妥協のない闘いをおこなう決意を固めた。近年、政治家キケローを追究しているフールマンは、キケローもデモステネスも雄弁家がもはや社会的指導力を失っていることに気づかなかったと、彼らの闘いが当初から勝算がなかったことを指摘している。しかし勝算は別である。民主政の危機、共和政の崩壊、僭主政の現出、独裁政の芽吹きに対して、雄弁は、それが単に雄弁でなく哲学的雄弁である限り、闘うしかないと私は思う。ソクラテスとて、もはや対話的吟味と点検ではポリス社会の堕落を救えない時代に、「にもかかわらず！」を発揮したではないか。その意味で、政治家としてのキケローも死んだのではない。彼の作品群共々永遠不滅である。

キケローの「にもかかわらず」の妥当なき獅子奮迅のローマ共和政守護、独裁政傾動の阻止の闘いを以下辿ることにしよう。

オクタウィアヌスの存在

四四年十二月、キケローが殺される一年前のこの月は、キケローの生涯の最後の花が咲いたときである。より明確に言えば、キケローの政治家としての力が生涯の決算として最もよく発揮された時期である。「その頃のローマにおけるキケローの勢力は絶頂に達し、彼は意のままに抑えを効していた」（プルタルコス前掲書、風間訳）。

キケローはカエサルの養子（カエサルの姉ユリアの娘アティアの息子）オクタウィアヌス（六三〜後一四年）に期待をかけて、M＝アントニウスを打倒することを唯一の国家救済の道と考えた。しかしこれは、過剰な期待でしかなかった。

カエサル暗殺時、この若者はやっと十九歳であった。アドリア海のアポロッニアで軍務に就いていたオクタウィアヌスに、周囲の者たちはローマの政争に巻き込まれることを心配し、オクタウィアヌスがカエサルの地位を継承することに慎重になるように忠告した。オクタウィアヌスはそれを

オクタウィアヌス（後のアウグスティス）

振り切ってローマへ発つ。ローマでは、自分が正統なカエサルの後継者であることを民衆を集めて表明した。すでにアントニウスはカエサルの邸宅から金貨銀貨を総計二二五〇万デナールも奪っていた。

若者にとってアントニウスは容易ならぬ強敵である。彼に対抗しその地位を奪取するには、元老院に力を持ち最高の弁舌能力のあるキケローに全面的に縋《すが》るしかなかった。キケローにとっても、この若者を使って独裁政、少なくともアントニウスの専政の野望からローマを救済する他なかった。四四年春キケローは、クマエの彼の別荘でこの若者と会う。

この若者の政治展望はキケローが考えたより奥が深かった。利用されたのはキケローのほうだと言ってよい。若く経験に乏しいオクタウィアヌスを支え、大過なくローマの第一人者へ上らしめたのはカエサルの「懐刀」バルブスとオッピウスだった。

オクタウィアヌスにもっぱら依存して国家の軌道を元へ戻そうというキケローの考えは、やがてアントニウスと一時的にであれ提携するしかないことを悟ったオクタウィアヌスによって烏有《うゆう》に帰することとなった。オクタウィアヌスの基盤の弱さとアントニウスの民心分断策が

「連携」し、キケローを地獄へ落とすことになる。

キケローのリーダーシップ

キケローは元老院の承認を得たうえで、M＝アントニウスと闘おうとする。キケローは四四年末に召集された元老院で演説し、こちら側のガリアへ属州総督として四四年十二月二十九日に出発したアントニウスの権限の無効を訴える。その理由は、アントニウスがD＝ブルートゥスとの統治属州をどこにするかで不明瞭な決定をしたというものである。

そしてキケローはオクタウィアヌスとD＝ブルートゥスを連携させることにも成功する。四三年一月一日の元老院でアントニウス追撃のための作戦が認められ、オクタウィアヌスは北部イタリアへ軍団を向かわせる。

キケローはアントニウスを倒す勇気を持つべきと、次のように書いている。

今ここでわたしは諸君に乞う。ローマ市民《クウィリーテース》よ！　勇気こそは諸君の始祖たちが諸君に残した遺産なのだと確信されんことを。それ以外の凡ては欺瞞的であり不確実である。脆弱で不安定である。勇気のみが大地に深く根を下している。暴力は勇気を揺さぶることはできない。暴力はましてや勇気をその場所から押し退けることなどできない。勇気の助けによって諸君の父祖たちははじめて全イタリアを征服し、それからカルタゴを破壊し、ヌメンティアを壊滅させ、そして最も強力な王と最も戦闘に長けた部族を我々の支配に服せしめたのである（拙訳）。

この『第四フィリッポス』の最後の文は、「今日こそは我々ははじめて……長い歳月を経てわたしの発議と指導のもと、自由への希望のなかで燃えている」と結ばれていた。

キケローの見通しの甘さと元老院の思惑

元老院ではパンサがM＝アントニウス側への和平のための使節団派遣を提案し、キケローと対立する。これが通って交渉がもたれる。アントニウスとの戦いが遂には内乱（市民戦争）に発展するのを元老院は恐れた。内乱はカエサルとポンペイウスとの間の闘いでもう十分という思いが元老院の大方の議員の心を占していた。結局二回の使節団の派遣は挫折した。

先にD＝ブルートゥスは、アントニウスがいわば奪い取ったこちら側のガリアへ軍団と共に進攻し、そこで両軍は衝突する。キケローは四月中旬元老院で、パンサ、ヒルティウスというこの年の両執政官とオクタウィアヌスに、アントニウス軍と戦う指揮権を与えるべしと演説してこれが通った。しかしこの両執政官が戦闘で斃れ、元老院はアントニウスと徹底的に軍事的に対決することの回避へ傾いてゆく。そして若きオクタウィアヌスにとって、目の上のたんこぶの執政官が二人とも戦死したことは、自分が共和国軍の総司令官にもなれたことと、また政治の頂点に躍り出る道が開かれたことでまさしく幸運であった。

元老院は、アントニウスが国賊であるにせよ、その持てる力を斟酌すると、元老院の既得権限を少し放棄してでも妥協するほうが得策と思うように傾いてきた。

アントニウスの二分法とキケローの二分法

キケローは善良な国民の大団結を声を大にして訴えた。彼には共和国派とアントニウス派という二分は当然の区分だった。しかし、争いが権力闘争の姿をとってくると、この区分のどちらか一方が完全に正しいとは国民に思われなくなる。

M＝アントニウスはこれに対し、カエサル派とポンペイウス派という二分法を演説し喧伝する。実際、ポンペイウス派とカエサル派の統一戦線すら形をなしていった。すると本来キケローのおこなった共和政擁護派と独裁政支持派という区分は理念的・観念的でもあり、キケローのこの構図は生彩のない無力なものとなり、キケローの政治力にも翳りが見えてきた。

アントニウスの二分法は極めて一般に理解しやすい。ポンペイウス派は必ずしも元老院共和政を守護するという高邁さを錦の旗にするものではなく、カエサル派イコール独裁王政建立派ではない。イデオロギーを人間の深い縁《えにし》、つまりクリエンテーラ（保護関係）へ還元・解体させるアントニウスの政治術の繰り出しは、キケローの高邁な政治哲学の浸透をしぼませていった。

オクタウィアヌス執政官に

カエサルの養子オクタウィアヌスは配下の将校団四百人をローマへ派遣し、執政官へ上るための圧力とした。四三年八月のことである。

その直後オクタウィアヌスがローマに到着する。キケローは彼を訪ねたが、そこで聞いたのは「貴下はわたしの友人の最後の者としてきた」という含みことばであった。つまりキケローの訪問は遅すぎたのである。

八月十九日に執政官選挙がおこなわれ、オクタウィアヌスは従兄弟で提灯持ちのペディウスとともに当選する。以前オクタウィアヌスは、キケローを同僚執政官にと要請したこともあったが、キケローを切り捨てたうえである。ようやく二十歳になったこの若者は、一気に国家の最高位に躍り出た。カエサルの養子と認められたオクタウィアヌスは、ガイウス＝ユリウス＝カエサル＝オクタウィアヌスと名乗った。

三頭政治を実行したオクタウィアヌス

オクタウィアヌスは、M＝アントニウスと一戦を交えるという理由で軍団とともに北に向かった。しかしこれはカムフラージュにすぎなかった。同僚執政官ペディウスは元老院に圧力をかけ、アントニウスとレピドゥスに宣告されていた公敵の撤回を実現した。レピドゥスの政治基盤は弱く、他の二者の対決の緩和剤にすぎない。

オクタウィアヌスはボノニア（今日のボローニア）でアントニウスとレピドゥスと会見し、協定を結ぶ。ここに五年間任期の共和国建設三人委員会（triumviri rei publicae constituendae）が成立する。いわゆる第二次三頭政治である。もっとも正式なのは今回がはじめてであり、第一次三頭政治のカエサル、ポンペイウス、クラッススの連携（三人委員会）は私的密談であった。

オクタウィアヌスら三人は法律上正式な凡ての政務官の上に立ち、法律を発布する権利並びに執政官や属州総督を任命する権利を持つことになった。かつてのカエサル派の権力領域は三分され、アントニウスは上部イタリアとガリアを、レピドゥスはスペイン、ガリア＝ナルボネンシスを、オクタウィアヌスはアフリカ、シキリア、サルディニアを得た。

オクタウィアヌスは、アントニウスの軍人としての指揮能力を見て、敵にまわしておくことを断念した。かつ元老院つまり共和派の牙城は養父の殺害者の巣くうところであり、早晩元老院と対決せざるを得ないという若者の判断がこの連携を押し出したのである。

この三頭政治の最悪のシナリオは追放刑《プロースクリープティオー》である。キケローもこの犠牲となったのであるが、今回は三百人の元老院議員すなわち半数の議員と、二千人の騎士階級の者の追放が宣せられた。この追放宣言は単に政治的なものではなく、財政的性格を色濃く持っている。今回は、富裕者の財産を没収し、これで、東方に「巣くっている」カエサル暗殺者の打倒のための戦費を調達することが含まれていた。この法律には刑法上の保護がまずなく、城門と港は厳重に見張られ、捕吏《ほり》は到る所で家々に押し入った。

キケローの死

M＝アントニウスは自分にどこまでも抗ったキケローを許すはずはなく、三頭会談の際、キケローの死刑を要求した。オクタウィアヌスはこの要求に二日間抵抗したが、遂に同意した。アントニウスの決意は極めて堅かったからである。そしてレピドゥスは兄を、アントニウスは伯父を犠牲とすることを認める。しかしこの二人は後に死刑を免れた。フールマンは、オクタウィアヌスはキケローを逃亡させることもできたと言うが、キケローがアントニウスに買った恨みは和解に至り得ない強烈で根深いものであり、それは到底無理だったであろう。オクタウィアヌスは、目下のところアントニウスと連携していなければならないのである。

追放刑となったという報告を聞いたキケローは、弟とその息子とともにギリシアのＭ＝ブルートゥスの許へ逃げる決意をする。途中、弟は旅費の工面のため別の道をとった。

キケローが彼の地所のあるフォルミアエで一泊している間に、アントニウスの手の者たちが追いついた。キケローは追っ手からの逃避路を陸にするか海にするかで迷った。プルタルコスはキケローの不決断・心の弱さを指摘した。駕籠に乗りカイエータへ急ぐキケローを追手が取り囲んだ。キケローは従容と殺された。「彼は一個の人間に相応しいように彼の死以外の矛盾には耐えられなかった」（リウィウス）。殺害者たちは命令に従い、キケローの首と手を切り、ローマのアントニウスの許に届けた。首と両手は広場の演壇に置かれた。アントニウスの非人間的仕打ちがこのようなキケローの悲劇的形姿を作ったのである。

キケローの死については、プルタルコス、アッピアノス、クラッシウス＝ディオ、そしてリウィウス（前一世紀〜後三世紀の文筆家たち）の報告が微妙に違うことを一言しておく。

後にオクタウィアヌスがアウグストゥスを名乗り、ローマの単独支配者となった。プルタルコスのキケロー伝は次の逸話を伝えている。

老境に入った皇帝アウグストゥスは孫が一冊の本を読んでいるのを目にとめ近づくと、孫は驚いてすばやくこのキケローの本を懐に隠した。アウグストゥスはその本を取り上げ、歩きながら読み通し孫に返して言った。「彼は迫力のあるものの言い方をした人だよ、迫力のある。しかも愛国者だった」(拙訳)。

ビッグスリーの一人レピドゥスが失脚した後、オクタウィアヌスはM＝アントニウスと雌雄を決することになる。オクタウィアヌスの姉は妻を亡くしたアントニウスと結婚していたが、アントニウスはエジプトの女王クレオパトラに魅了されていた。三一年の両者の戦いはオクタウィアヌスの完勝に終わった。アウグストゥスという称号を得たオクタウィアヌスは、キケローの息子マルクスを神祇官と執政官に任命した。これは、キケローの死に対してアントニウスだけでなく自分にも責任があると感じていたアウグストゥスの罪滅ぼしであった。

マルクスは、元老院の承認を得て、ローマのアントニウスの彫像を凡て破壊させた。その上アントニウスの誕生日をローマの厄日と定めた。否それだけではない。今後、アントニウス姓の者はマルクスという名をつけてはならないという布告も通した。

キケローはローマ共和政を守る孤軍奮闘の中で最後を遂げた。しかしこの奮闘は、同時に運命には何ごとも抗し難いという諦観と共鳴しているのである。キケローの生涯は「成功に満ちた挫折」(Ch＝マイヤー)とも言える。このことはキケローの「英雄的な自己貫徹」を否定するものではない。「人間には幸せなどない。あるのはただ英雄的行為である」とは、ショーペンハウアーの言葉である。疲弊し崩壊に瀕しているローマ。「ローマとキケロー」という問いかけは、我々が世界史というものを省察する際のそもそもの基点となろう。

キケローは哲学者としてのみならず、政治家としても永遠に輝く存在である。キケローの政治家としての偉大さは、彼の堅い信念、思想の一貫性にあるが、同時にこの偉大さは、単なる政治的信念にキケローが埋没したのではないこと、彼が人間として偉大だったことにこそ求められる。哲学、文芸、歴史、法律、宗教など多彩に自己形成することを常に怠らなかったキケロー。政治と教養の統合、この道は現実政治の権力志向、利権拡大の中で容易に歩まれるものではない。

キケローは死して後、ヨーロッパ精神史・文化史の「主導者《プリーンケプス》」となった。ローマ帝政期、キリスト教教父の時代、中世教会神学の時代、イタリア－ルネサンス期、近世ヨーロッパ、フランス革命期、十九世紀と、キケローは時代の精神熟成の源泉となって燦然と輝いた。

次にキケローの驚嘆すべき教養人、哲学者（哲学史家であり思索者）、歴史家、弁論家たる存在を著作群を踏まえて具体的に辿ってみる。

II　キケローの思想

一　国家哲学・法哲学

はじめに

国家やその統治現象としての政治について、哲学はプラトンの時代から今日のヤスパースやアーレントに至るまで積極的に関与し、深く原理的・批判的に考えてきた。キケローは、私の見るところでは最も具体的・現実的に政治を哲学し、政治を哲学と結合しようと努めた哲学者である。キケローが神のごとくに尊拝するプラトンは政治家ではなく、母国の政治をいわばアウトサイダーとして見つめた。一方、キケローは当初から政治家志望であり、ローマ政治の世界の最高地位の執政官まで上りつめた。そして常に元老院のオピニオンリーダーとして働いた。しかも彼は同時代人のカエサルやポイペイウスのごとく、哲学に全くないし本格的に関心を寄せない現実主義的政治家ではなかった。また単に見識が高く頑固一徹にローマ共和政の国是を墨守したカトー（小カトー）とも違った。人間的教養の豊かさでは、キケローは政治家としてもまた哲学者としてもプラトンに匹敵する器であった。

しかもキケローは、プラトンのごとく単に哲学論・理想主義・観念論で政治や国家の救済を目指したり、最善の制度を提起したのではない。キケローの哲学者としての偉大さは、彼が単なる哲学者でないところにこそある。「ローマのプラトン」たるキケローは、他面プラトンに欠けている、

キケロー

少なくとも弱かった歴史的現実の省察を唱導し実行した。

キケローは祖国のために働くこと、国政の中枢に立つという第一志望を貫くことによって、哲学を具体的にローマの現実に結びつけることができた。そしてさらに弁論を哲学の身体として理想や信念の吐露に深め得た。

ただし、キケローは国家主義・民族主義に立つのではない。ニーチェは、国家こそ人類最高の目標であり、国家に奉仕することを人間の最高の義務とする十九世紀のドイツや他の国々の傾向を批難した。そして彼は国家利益とつながらない文化という領域の大切さを主張した。キケローこそ真の教養、教養人の文化形成を尊んだことを我々は見失ってはならない。

しかしキケローは、イタリア‐ルネサンス期の人文主義者（彼らはキケロー賞讃者であった）と決定的に違って、宇宙・星の世界・動植物の世界に極めて真摯に学びの姿勢を採ったのである。これは若い時だけでなく晩年にまで及んでいる。『神々の本性について』がそれを雄弁に示している。かつキケローの掲げる真の（理想的）弁論家――弁論家は政治家でもある――は、人文系のことば世界の匠《たくみ》だけでなく、数学や自然学への精通者でなければならない、とされる。

モムゼンのキケロー酷評　歴史家でただ一人ノーベル文学賞を受賞したモムゼンは、十九世紀ドイツの最大のローマ史家である。まさしくモムゼンの前にモムゼンなく、モムゼンの後にモムゼンなしの感があり、彼のローマ史学界の位置は帝王のごとくであった。その彼は強烈な反キケロー論者であり、次のようなことばを残している。

キケローは政治家としては洞察《アインズィヒト》も意見《アンズィヒト》も意図《アプズィヒト》もなく、相次いで民主主義者として、貴族主義者として、そして専制政治の道具として姿を現した。彼は近くしか見えないエゴイスト以上の者ではない（『ローマ史』5・284頁）。

また現代のローマ史家として著名なCh＝マイヤーも言う。

まさしく虚栄と特別な非政治的思惟方法が彼には結びついている。彼は政治的策略についてはほとんど通じておらず、政治的判断についてはもっと理解することがなかった。ずばり言えば、彼は政治家でなかった（『全権をもつ独裁者カエサルの無力』）。

そしてモムゼンの先達ドゥルーマンも、『ローマ史』全六巻で「キケロー伝」に一〇〇〇頁も費していながら、過去に目を向けた敗れるべくして敗れた人としてキケローを全く評価しない。そしてこの三者すなわちドゥルーマン、モムゼン、Ch＝マイヤーは、もっぱらカエサルに身を寄せ、カエサルを英雄視し、カエサルにローマ人の精髄を見出している。しかもモムゼンはカエサルを民主政治の旗手と持ち上げてすらいる。全くの考え違いである。またフランスのカルコピーノは『キケローの書簡の秘密』で有名であるが、彼もキケローの公的生活における態度と行動を酷評している。否それだけではない。カルコピーノに言わせると、キケローは不実な夫、悪い父である。さらに臆病者で自慢屋である。こうしたキケロー評には、理想的人間・英雄に祭り上げられたカエサルが対比的に控えている（モムゼンとカルコピーノについては本著の最後に言及）。二十世紀に至っても、キケローは例えば「誹謗文書作成者《パンプレティスト》」（E＝マイヤー）と規定されている。

しかし、二十世紀には十九世紀のキケロー＝カリカチュアの克服が始まった。シュトラースブルガー、クリンガー、ブューヒナーそしてフールマンというドイツのキケロー学者・ローマ文献学者の流れは、漸くキケローの政治家としての一貫性と高邁さを強調するようになった。ブューヒナーはキケローの『国家について』の注釈に生涯の大半を費やし、彼の学問的精密さの凡てを注いだのである。

私は、現代において改めてキケローの政治と哲学の緊密な関係そして彼の国家（政治）哲学を学ぶ必要があると痛感している。キケロー論集『キケロー――彼の時代の人間』の編者ラトケは、

「政治家キケローはワイマール共和国と同じく、政治の領域での真に人間的行動と責任に満ちた確証の実現である」とすら述べている。

キケロー『国家について』

キケローの政治哲学の我々の理解はこの著の精読にかかっている。

彼の法哲学には『法律について』がある。先のモムゼンは『国家について』を「何ら独創性のない単なる先達の要約」と扱《こ》き下ろしている。しかしこの評価は完全に間違いである。キケローの『国家について』はプラトンの『国家』を念頭に置き、そのローマ的具体化を図ったものであり、この著にはキケローの哲学思索力が彼の数多い哲学書中最も漲《みなぎ》っている。正しくこの著は、「ローマ国家という恐らく世界の最大の創建とプラトン哲学という古代の最も壮大な精神の創造とを一つに融合したもの」（ペシュル）である。

哲学を政治からの避難所《ペルフギウム》とせず、哲学を政治に、現実の政治に真に関与させたのはキケローである。国家の仕組み、国家の歴史的自己展開を真の意味で哲学したのはキケローであり、プラトンでもアリストテレスでもなかった。そもそもキケローにとって哲学に関与することは、国家の危機を深く見つめ、国家の行く道を糺《ただ》すことであった。哲学は根本的にあるいはどこまでも国家の政治に関与するものでなければならない。単なる個人の内面的純化のための哲学、哲学のための哲学はキケローによって常に批判されている。

キケローが殺される一～二年前に書いた『予言について』(2・6～7)を、少し長いが出そう。

国家の重大な不幸がわたしを哲学の究明に導いたのである。というのは内乱の間じゅう（カエサルとポンペイウスの戦いによる国の二分）わたしのやり方では国家を護ることもできなかったし、また無為に時を過ごすこともできず、わたしにそれ以上に値すること（哲学すること）を何も見つけることができなかったのであるから。……それで、国家が一個人（カエサル）の権力に服したとき、わたしが以前の任務を奪われたとき、この研究をあらたにおこなうことを始めた。この研究によって、わたしの心を重苦しさから解放するために、そしてわたしの同胞たちにわたしができるかぎり役に立つためにである。なぜなら、書物の中でわたしは自分の判断を述べたし、その中でわたしは民衆に向かって語った。哲学はわたしの思うところでは、わたしにとって国の政治をおこなうことの代わりなのである。今やわたしは、政治に関して助言を求められ始めたので、わたしの凡ての力を国に捧げ、あるいはむしろ国にあらゆる考慮と配慮を振り向けなければならないので、公的義務と活動が許す範囲でしか、わたしはこの研究のための時間をとれないのである（訳、強調共に角田）。

右のことばはキケローにとっては「まず政治ありき」であったことを如実に示している。これが意味するのは、個人の自由が開花するには、まず国家という共同体がしっかり築かれなければならないということである。そもそもキケローにとって個人の死は、永遠に続くために建てられた国家に対して犯された罪の報いであるとすらされる（『国家について』3・34）。プラトンの『法律』（713〜714）を見ると、やはり立派につくられた国家は不死であるということが言われている。

プラトンはソクラテス裁判で露呈された父国アテナイの、怨念劇にすぐに高まる政争と人心の無気力との相乗を眼下に見据えて、『国家』を書いた。キケローは『国家について』を五四年、五十二歳のとき書き始め、五一年に完成した。時代はカエサルを中点とする三頭支配の全盛期であった。ローマ精神そのものを成す共和政体が大きく揺さぶられていた時期である。キケローは自己の祖国ローマを階級の合意、コンコルディア－オールディヌム（concordia ordinum）に基づく理想的かつ完成した国家と捉えている。コンコルディア－オールディヌムとは、貴族と騎士の協和であり、決して平民を加えた三階層の協和を意味しなかったことは注意を要する。このことには、護民官制度の持つ平民の意志の代弁が過度に平民を煽動し、反共和政・反元老院に動いてきたこと、平民の過大な権利が平民の甘やかしになり、ローマの国家基盤を蚕食し解体させようとしてきたことへの批判が出ているのである。そしていわゆる大衆《モブ》の支配（オクロクラティア）へのキケローの不信が根底にある。

以下「ローマ的プラトニズム」（ビューヒナー）たるキケローの『国家について』を辿ってみよう。

舞台と登場人物

キケローの『国家について』はプラトンの『国家』に倣って対話篇の形で書かれた。もっともキケローの対話篇はプラトンのそれと違って、精通者（指導者）と未熟者、哲学者とソフィストとの対話ではなく、対等の知的水準の登場人物の対決を奏でるものである。なおディルタイは、この作品を「世界文学の最高傑作の一つ」と評した。

この著作は先述した三頭支配へのキケローの批判を打ち出している。しかし時代の傾動に反応した書、いわば単なる傾向書（�）ではない。確固たる政治哲学の書である。とは言え、三頭支配への批判がこめられている以上、舞台を直接現代に設定するには差し障りがある。だがそれだけの理由ではなく、ローマの大政治家・大将軍プブリウス＝コルネリウス＝スキピオ＝アエミリアヌス＝アフリカヌスへのキケローの深い尊敬が時代設定の理由となっている。この人物は一八五年か一八四年にアエミリウス＝パウリス（一八二年と一六八年の執政官）の息子に生まれ、スキピオ＝アフリカヌスの長男の養子になった。つまりこの対話篇の主人公でキケローの代弁者は、スキピオ＝アフリカヌスの戸籍上の孫となる。この主人公は小スキピオ＝アフリカヌスと言われる。ちょうどカトーに大カトーと小カトーがいるように。

スキピオ＝アエミリアヌスは一四七年に三十八歳で執政官となり、一三四年に再選された。彼は第三次ポエニ戦争の総司令官であり、ローマの最大の敵国カルタゴの徹底的破壊を断行した。

とは言え、このスキピオは単なる武断的政治家ではない。いわゆる「スキピオ－サークル」をつくった、教養文化への豊かな感性に満ちた貴顕である。当時ローマ人は依然として反ギリシア文化の姿勢に立ち、民族本来の質実剛健な気風を軟弱なギリシアの詩文や観念的哲学で損なわれるのを極度に嫌っていた。しかしスキピオは、ギリシア文化へ並々ならない関心を抱いていた。このサークルにはラエリウス、テレンティウス、ルキリウス、パナイティオスなどが加わった。ギリシア人の大歴史家ポリュビオスはスキピオの友人であり礼讃者であった。なおこのスキピオは、一二九年に謎めいた死を遂げた。彼は護民官のグラックス兄弟の過剰な民衆懐柔策に反対しており、彼らの支援者に殺されたのが真相らしい。

この作品の登場人物は凡て実在の人物であり、ラエリウス、フィルス、ムッミウス、スカエウォラ、ファンニウス、トゥベロ、ルフスである。

キケローは、古きよきローマ、共和政の全盛期、哲人の風格のある貴族政治家に深く心を寄せてこの著を仕上げた。

スキピオへのキケローの畏敬

キケローの『義務について』(3・1)にはこの大政治家・大将軍の発した有名なことばが記されている。「ひとは閑暇にあるとき最も閑暇的でない。ひとは孤独であるとき、最も孤独でない」。そしてスキピオ゠アエミリアヌス゠アフリカヌスは、時々国政からそして民衆から身を引き休養し、閑暇を楽しんだが、キケローは最晩年この『義務について』を執筆しているとき、自分の閑暇は休息の欲求からではなく、公務の欠乏によって与えられたものだと言っている。敢えて言うと、プラトンに対するソクラテスの関係が、キケローに対するスキピオ゠アエミリアヌス゠アフリカヌスの関係である。

『国家について』のテーマと今日に伝わった経緯

キケローはこの作品のテーマとして、「国の最善な状態」と「最善の市民」への問いを掲げている。前者の問題は大歴史家ポリュビオスに、後者はストア派の哲人パナイティオスに依拠している。

作品の内容に入る前に、この作品が今日に伝わった経緯にも触れておこう。『国家について』は完全な形では今日に伝わっていない。今日の校本は全六巻であるが、この最後の第六巻は「スキピオの夢」と名づけられ、これだけが四世紀末から五世紀の人・ストア派の文筆家マクロビウスの『キケローの「国家について」』の注釈の前に載せられる見出し語、いわゆるレンマタとして記録された。

そして第一〜第五巻までは全く知られないまま近代に至った。ところが一八一九年、ローマ法王領ヴァチカンの図書館長の任にあった枢機卿アンジェロ＝マイ（一七二八〜一八五四）が、アウグスティヌスの『詩篇一一九―一四五の注解』の羊皮紙下に書かれているキケローの『国家について』の古写本（いわゆるパリムプセストゥス）を発見したのである。この古写本はボッピオ修道院で七世紀に作られたもので、一六一六年に修道院から法王パウロ五世に贈られた。マイはこの写本の下に四世紀に書かれた別のテキストが隠れていることを知った。そしてマイは、このテキストこそが長い間捜し求められていたキケローの『国家について』の四分の一か三分の一を成すことを確信した。このマイの仕事に手を貸したのが、モムゼン同様キケローをことばの限り痛罵したローマ史の近代ヨーロッパにおける定礎者ニーブルであったのは皮肉である。

キケローは『予言について』（2・1、3）において、この『国家について』を「哲学的論議に関して的確で、プラトン、アリストテレス、テオプラストスそして全ペリパトスによってこのうえなく入念に論究された大いなるテーマ」であると堂々と述べている。

『国家について』の最終巻「スキピオの夢」は端的に言って、キケローの「ローマのプラトニズム」の表現である。現世の名声・栄誉（gloria）に大いに足をとられるローマの政治家への高邁な呼び掛けである。小スキピオ（Cornelius Scipio Aemilianus Africanus）の夢に養祖父の大スキピオ（Cornelius Scipio Africanus）が現れ、「大宇宙から見ると、地球は極めて小さな存在である。その枠内での名声に執着すべきでない」と、ギリシア哲学的そしてプラトン的展望で語る。キケローのローマの現実主義への根本的批判である。しかも「夢」という叙し方は、プラトンの『国家』の終わりの「エルの神話」をモデルにしているのは明らかである。

キケローは現実政治に挫折し成功しなかったが故に、現世の栄誉を否定したという解釈もあることはある（R＝ハルダー）。しかしこの巻の執筆期、キケローは決して挫折しておらず、ローマ共和政と自由のために闘っていたと見るビューヒナーが正しい。

それからキケローにとって重要なのは、単に魂の不死性ではない。プラトンも『パイドン』ではなく『パイドロス』の方では、人間の魂に哲学者の魂、詩人の魂、商人の魂、体育家の魂等の区別があることを述べている。キケローにとって国家に身を挺する政治家の徳ある生き方こそが、死後あの世での祝福に値するのである。

レース‐プーブリカ

『国家について』という表題について言えば、この原稿は当初ギリシア語でポリーティカとなっており、後にラテン語のデ‐レー‐プーブリカーとなった。ここで、国家に相当するラテン語、レース‐プーブリカについて意味（字義）を探ってみることにする。

res publica は英語の republic、独語の Republik、仏語の république の「原語」であるが、このラテン語は決して近代語が表示する「共和国」に限定された意味につきない。res publica はあらゆる政体、つまり王政すら含みこんだものである。キケローは、法治国家であれば、ローマ以外の国家もことごとくこの語で呼ぶ。

ところで国家は、キケローにとって「正義の同意」(juris consensus) と「利益の共有」(utilitatis communio) から成る人民の集合 (coetus multitudinis) であり、高度に人為的・合意的なるものである。ここにおいてキケローはアリストテレスの「人間はポリス（国家）を営む動物である」という捉え方を一歩深めたのである。

res publica は公《おおやけ》のもの、公の財というのが字義であり、私的なもの、私有財産を示す res privata と対応している。res publica は res populi つまり人民のもの（populi は populus の所有格）に他ならない。ローマという国家の正式名称は populus Romanus（ローマ人民）、あるいは senatus populusque Romanus（ローマの元老院と人民）であった。ローマの公式文書は、上述の略記 S.P.Q.R.である。

ローマ人はギリシア人と異なった国家観念の持ち主であった。ギリシア人にとって国家は市民団であり、市民団の秩序であった。ポリス（πόλις）や国制・国家（πολιτεία）とは市民と同義である。ローマ人は、res publica が市民・人民・国民とは別のものであり、一つの独立の生命をそれ自体もつものと解した。国家は生命体と捉えられるから、国家が損なわれると痛みの声をあげるという観念もローマ人には抱かれた。

そしてローマ人にとって、人民の英知と徳の集うところ元老院こそが res publica であり、少なくともその中心であった。

愛国心としての徳

キケローは『国家について』第一巻の一〜十三章において、登場人物に語らせることなく、自ら全体の序言という意味をもつ文言を叙している。キケローは、公的な活動から身を引いて私的世界を築くことを最善の生き方とするエピクロス派を批判し、国家の政治に積極的に参加すべきことを説く。ただし、政治家でエピクロス派に加わった者もいることはいた。なお、エピクロスは「公平を期するために、政治に参加しない」ことを主張したと伝えられている。この派の代表的哲学者ピロデモスも主張とは別に政治参加には寛容だった。

徳《ウィルトゥース》とは人間の偉大さであるが、徳を高めることができるのは、政治に関与する格闘のみである。人間は快楽と安逸の誘惑に打ち勝って、共同の安寧を守る徳と願望を本来的に植え込まれているのだというのが、キケローの不動の確信である。

キケローに言わせると、共同の安寧のために凡てを投げうつこと・身を尽くすことは、人間の単なる主体的決断以上の事態であり、人間を超えた自然が人間をしてそうせしめるのである。自然とは人間を人間たらしめる根源的力であり、宇宙をも貫く理法《ラティオー》である。

さて、徳は所有することだけでそれを使わなければ十分ではない術である。この徳の最も意義深い使用は国家の統治《キウィターティス・グベルナーティオー》である。そしてそれは哲学者たちが隠れ家《アングルス》（書斎）で語ることばによる実現ではない。それは事実の積み重ねによる実現である。この主張でキケローは彼の最も尊敬するプラトンに対しても、不満と批判を呈していると思われる。一般にギリシアの哲学者は、ことばの説得性、つまり雄弁による完成《オーラーティオーネ・ペルフェクティオー》に留まっている。

キケローは、徳ある者の責務とは母国の永続性そしてとこしえの繁栄を担い、建国の精神を遵守するところにあると説く。ギリシアの諸ポリスや大国マケドニアは凡て滅んでしまった。一方、キケローの父国ローマは六百年以上、共和政へ移行してからも四百五十年も存続している。この今日に続く国制を、哲学者は哲学的観想に向かう以上の熱意で守るべきとキケローは説いた。

政治家の仕事の高貴さ

そもそも政治家の仕事は、他の一切の仕事よりも神々の高貴さに一層近い。キケローの政治の位置付けは、ギリシア的なものを踏み越えたローマ的なものの表現を成している。

しかも国家のために尽くした者の運命は、国民の移り気と無慈悲ぶりで苛酷なものに変ずることが往々あることを指摘することもキケローは忘れない。ギリシア史に例をとると、ペルシアを討ち負かし征服したミルティアデスは同胞の手で殺され、ペルシア戦役の英雄テミストクレスもアテナイから追放された。ローマでも然りであり、カミリウスの追放、ナシカへ向けられた憎しみ、メテッルスの逃走、G＝マリウスに振りかかった冷酷な災難と、忘恩の仕打ちは枚挙に暇《いとま》がない。

キケローは、国家に尽くす者はこの世での栄誉を期待することに心奪われず、死後に待つ浄福にこそ心を向けるべきだと言う。これはキケローの宗教的信念であり、キケローにおけるプラトニズムである。政治と一線を画するのではなく、真に現実政治に関与することに定位したキケローのプラトニズムである。プラトンを批判しつつキケローは、ローマ的にプラトンを継承している。なお、ローマの国家宗教は彼にとっては何ら真剣な問題ではなく、それは単に一般民衆用のものと捉えられた。このことは『予言について』で伝わってくる。

国家は地球の極く一部の地であり、小さなものである。ここに棲む人間、しかも天や神という尺度から祝される人間は国家を建設しそれを保持すべきとされる。人が幸福であるという判断は、あくまで賢者によってなされるべきである。国事に携わることは、報酬や名誉のためになされるべきではない。こうキケローは考えた。

キケローの現世の幸福や現世への執着からの超脱の右の思想は、ボエティウス（四八〇～五二四）の『哲学の慰め』に深い影響を与えた。

ローマにおける国家の分裂

『国家について』は、キケローの代弁者スキピオを中心に登場人物間の対話形式で、国家と人間についてキケローの思想が示される。すなわち元老院にはラエリウスはローマの元老院も市民も二派に割れていることを出してくる。門閥派《オプティマーテース》（名門貴族の既得権を守ろうとするグループ）と民衆派《ポプラーレス》（民衆の味方を装って元老院の中心勢力に対抗する少数の元老院貴族派）の衝突があり、民衆も両方に扇動されているのである。

ここに言われている国家の二分化（二極化とまで言わないにせよ）の元凶は、ラエリウスの口を借りて、グラックス兄弟さらに彼らの改革を担った護民官制度であると述べられる。キケロー自身も護民官クロディウスにより（正しくはその黒幕のカエサルによって）『国家について』の完成七年前の五八年に、ローマを脱出すること余儀なしに追い込まれたのである。

『法律について』は、キケローと弟クウィントゥスそしてキケローの友アッティクスの三人の対話になっているが、このなかでキケローは、護民官に民衆が扇動されるだけでなく、民衆の反乱と不満が宥《なだ》められ収まることもあること、つまり護民官制度の功罪の功の面も認めている。

国家の最高形態

ローマ共和国の二分化という現状を見据え、ラエリウスはスキピオにいかなる形態の国家が最善かを語ってくれるよう懇請する。以下、スキピオ＝キケローの回答を追うことにする。

キケローの最善の国家・国制論は、ギリシア人の二人の歴史家ポリュビオス（二〇〇年頃〜一二〇年頃）と哲学者パナイティオス（一八五年頃〜一〇九年）に明らかに影響されている。しかしキケローは、両者に完全には満足しているのではない。

ペシュルは「キケローを通してギリシアの国家思想とその永遠化が担われ、プラトンの『国家』が再び一つの政治的現実へと受け止められた」と述べている。おそらくその後のヨーロッパの政治哲学では、二度とプラトン復興はなされなかったであろう。

さて、近代の国家思想は国家の存立を契約とか弱者の連帯から説こうとする（ルソー）。あるいは強者の権謀術数的な人民支配から説こうとする（マッキャベリ）。

キケローは、先述のごとく、国家は「正義に関しての合意」と「利益のために共同的に結合した人民の絆」によって存立すると説く。確かに国家とは人民のもの、人民の財産であるが、人民の単なる集団的発展ではない。偶々《たまたま》「何らかの仕方で人間が集まったもの」(coetus quoquo modo congregatus) ではない。正義＝法への同意、つまり法についての一致と全体的に軌を一にできる目標のための連帯から成立する。この考えは実はキケローの独創ではなく、ストア派の哲人パナイティオスから継承したものとされる。キケローは『義務について』で、パナイティオスへの深い共感を濃密に出している。

キケローは、そもそもひとが国家をつくるのは自然本来的に植えつけられている「社会性のごときもの」による、と言う。アリストテレスもまた、人間は自然本来的に国家を営む動物と説いたのではあるが、彼の場合には、キケローの唱えた「法への合意と共通の利益（善）」が国家存立の背骨であるとははっきりとは主張されていない。

哲学者で国家観念に最も強く思索を注いだ人はヘーゲルである。ヘーゲルは国家を広義において民族、狭義において国憲と考えた。しかし我がキケローにとって、国家は民族の枠を超えたものであり、ヘーゲル以上の「国際感覚」に貫かれていたと言えよう。

国家の三形態

国家は政府（ないし協議体）の種類によって三つに分けられる。そのことに入る前に、政府《グベルナーティオー》は国家とは違うと考えられることを一言しておく。というのは、ローマのことを出すと政府は政務官《マギストラートゥス》の総体であり、政務官は任期制で交代する。一方、国家は永続する。ローマ人は政府や統治《グベルナークルム》と国家（キーウィタース、レース‐プーブリカ）を明別していた。

国家は協議体・政府によって三つに区別され、国家一般は現実には存在しない。協議体の働きが一人に集中するか、一定の選ばれた人たちに賦与されるか、国民（自由人の成年男子）の全員に認められるかによってこの三区分ができる。凡ての権力の最高権力が一人に帰す場合、この一人は王と呼ばれる。この国家形態《レース‐プーブリカエ‐スタトゥス》は王政《レーグヌム》である。最高権力が選ばれた人たちに委ねられている場合には、貴族《オプティマーテース》の意向で統治される。また、人民に凡ての権力がある場合は、この国家は人民の国政《ポプラーリス‐キーウィタース》と呼ばれる。

この三つの形態《ゲネラ》は、決して完全でも最善でもない。それぞれが悪化の道をとるのが歴史的必定である。王政は僭主政へ、貴族政は寡頭政（少数独裁政）へ、民主政は衆愚政へと転落する。このうち民主政は最も劣ったものとキケローは見る。プラトンの『国家』は、民主政は衆愚政へと変質しそこから僭主政が鎌首をもたげると説いた。キケローは民主政は国家の大混乱・破滅に帰着すると唱えた。これはキケローの放ったギリシアのポリス就中《なかんずく》アテナイへの批難に他ならない。

キケローは右の三つのうち一応王政が、支配者たる王が王としての崇高な役割を全うするなら、最善の国政と認める。そもそも全宇宙は複数の理性ではなく、一なる理性・精神によって支配されているからである。このアナロギーにより、徳ある一人の者による支配が真に可能であれば、最も善いと主張される。しかし現実には、王は権力者として失墜を免れないし、強欲によって国民を圧する暴君・僭主へ変貌する。また王は取り巻きの臣下の口車に乗せられたり、彼らの無理難題に引きずられて操舵を悪政へ変ずることも大いにある。

三つの国政それぞれの欠陥

王政では、王以外の凡ての者が共通の正義や政策協議から過度に疎外・除外されている。しかしキケローは、王以外の者が法の前の平等や政治的平等から外されていると言っているのではない。ただ王以外の者たちが国家意志に参加できないというだけのことである。

貴族政では、現実には存することのない貴族の完全な専政が意味され、これは不正であると言われている。貴族政では、民衆が国政へ積極的に参加できないこと、つまりこの意味で民衆には自由（ローマ的自由）がないことが指摘される。

民主政は悪平等の社会であり、「悪平等は実は平等でない」というのがキケローの終始繰り出す所説である。この国政では国家のための貢献度による尊厳《デーグニタース》が全く考慮されなくなる。夙《つと》にアリストテレスも同等権利《アエクアービリタース》が強調されると不平等になることは、その『政治学』で力説している。なお歴史家ポリュビオスは、独裁政から僭主政、貴族政、寡頭政、民主政、衆愚政そしてまた独裁政という循環が国政にあると説いた。キケローはただ、より善い国政とより悪い国政との区別しか問題にせず、こうした循環説には同意していない。

プラトンとアリストテレスの国家（国政）論

キケローの考えを出す前に、ギリシアの二大哲学者プラトンとアリストテレスの国政論（国家の変質論）に触れる。プラトンは名誉支配政（貴族政）→寡頭政（富裕者支配）→民主政→僭主政と国家は下降的に悪化する一方であると捉えた。また『法律』ではペルシア型の過度の支配（専政）とアテナイ型の過度の自由（衆愚政）が共に批判されている。この両制度を是正した統合を『法律』は提唱している。そしてプラトンは同書3・693eにおいて王政、貴族政、民主政の一応の混合をスパルタとクレタに見ている。プラトンのなかにキケローの立つ混合政体への先駆をみることもできる。「混合政体とともにプラトンは世界史的に意義深い道を開いた」（ユーバーベーク）。

アリストテレス

プラトン

アリストテレスはどうか。彼には、王政→僭主政、貴族政→寡頭政、最善の国政（これはポリーティア〔国政〕と端的に言われる）→民主政という悪しき変質のみがある。王政、貴族政、ポリーティアは善い国政であり、その理由はこれらは共通の利益を目指し、僭主政、寡頭政、民主政は自分たちの私益を目指すからである。プラトンもアリストテレスも民衆の多数決支配が衆愚政治《オクロクラーティア》になってしまうことを力説している。またプラトンは『法律』において、最優秀者支配政《アリストクラティア》が高みの見物ばかりして義務の遂行を回避する大衆の反共同体的生活を示し出す観客支配政《テアートロクラティア》に堕落することも喝破している。

キケローの説く最善の国家

キケローは、指導者（たち）の力と人民の自由の均衡こそが、国家の主権《インペリウム》と安寧《サルース》を支えるものという確信を持っている。王政がどんなに国政中最善のものであっても、それは独裁政（僭主政）への堕落を容易には免れ得ない。

キケローは最善の国政・国家を王政と貴族政と民主政の混

合形態のものとする。王が僭主とならず、貴族支配が寡頭志向の少数支配に変質せず、他方民主政からは群衆支配・衆愚政が吹き出ないシステム、これこそが国家永続の唯一の秘鑰《ひやく》であるとキケローは考えた。「ほどよく混和された形態」としての右の混合政体では、指導者の大きな間違いにも民衆の暴走にも歯止めがかかる。キケローはローマの共和政をこの混合形態国家の成立であると力説し、この制度の守護をローマ国民に説いた。そしてその国家哲学に立ってローマ共和政を死守し、彼は遂に力つきた。

しかもローマ共和国では世襲制の王を否定し、その新しい国制では一年交代のしかも二名の、さらに再選には数年の間隔を必要とする執政官が王の役割を果たすのである。元老院は政務官コースの重職（執政官と法務官）を務めた政治経験豊かで見識のある者たちが集うところである。そして十名の護民官は平民階級の代表であり、しかもこの階級内の者しか選出されない。彼らは元老院の勧告を拒否でき、やがて元老院に議案を提出することも認められることになった。

キケローの政治哲学は、いかに彼がプラトン信奉に立っても、プラトン的イデア主義に傾かなかったことをはっきり示している。彼の政治哲学はローマの「父祖の遺風」（mos majorum）に根本的に支えられている。「父祖の遺風」とは、混合政体としてローマ共和政であった。執政官、元老院、護民官が共同操舵する国家は、王、貴族、平民の協和による国家であった。このことは、歴史的政治哲学がキケローの政治哲学であったと言うことでもある。

ローマの王政にすでにあった共和政の方向　ギリシアにあった千六百のポリスはマケドニアの手で独立を奪われ、そしてマケドニアはローマに制圧されギリシアの盟主たる地位を失った。これに対してローマは、キケローの時代まで四百五十年、王政の形でのローマ建国からは六百五十年も滅亡せずに続いている。

キケローが描いた最善の国政（国家）は、王政、貴族政、民主政の混合形態であり、これこそがいわば共和政なのである。民主政と共和政は全く違うことを今日我々は銘記すべきである。アーレントによると、アメリカの独立時、単に民主政ではなく、上院に大きな権限をもたせた共和政が真なる国制として選ばれたことは、ローマの政体に倣った「知恵」であった。

キケローはローマ政治にとっての中枢を元老院に置く。権《ポテンティア》力は人民にあるが、権威《アウクトーリタース》は元老院にあるとするのがキケローの根本主張である。元老院はローマにとって「政治的経験と国家原理の砦」（E＝マイヤー）と見るべきである。

キケローはプラトンのように、「言論《ロゴス》の中に描かれた国家」、「天に捧げられた国家」を最善の国家として、国家のユートピア的性格を強調したのではない。歴史の中に、しかもキケローの父国ローマの歴史の中に実現され、歴史を貫き、歴史を導き、文化を栄えさせる原動力となっているものを最善の国家と目したのである。もっともプラトンは単なるユートピア思想家ではない（ガイザー『プラトンと歴史』一九六一年）。

しかしローマは、すでに王政の時代から王への権力集中を弛《ゆる》め、貴族や民衆の権限を拡大する道を進んでいたのである。したがって、ローマ国が王政から共和政へ衣替えしたのは、ある意味では革命ではなく、いわば昆虫の脱皮にアナロジカルな現象であったのである。ローマ王政はローマの政治の訓練、ローマが真にローマになる道筋・前提であり、王政は堕落を免れない以上共和政の発足は王政当初から必定であったとも言える。

キケローの政治哲学は歴史省察と力強く連携しており、敢えて言えば歴史哲学としての政治哲学である。歴史と手を携えた哲学は、弁論術に自らを盛る哲学とともにキケローの開路し確立したものであり、歴史と弁論との密なる縁に立つ哲学こそキケローの独創である。我々は今日一層深くキケローのこの精神から学ぶべきである。その後のイタリアを代表する二人の哲学者・ヴィーコやクローチェはキケローの範に則し、歴史的哲学を哲学そのものとした。

法の根拠

『法律について』は、『国家について』をあくまでも補完する性格を持つ。その点プラトンの『法律』が、時代的に先行する『国家』のイデア性を超えて次善の国家・法に支配される国家を描出したのとは異なった関係にこの二作品は立つ。ローマには前五〇年の終わりまで法理論が存在しなかった。そもそも法を理論的根拠で推奨するなどということは、ローマでは必要とも望ましいとも思われなかった。

ローマ人には自然法という観念がなく、十二表法が千年も永続する法典となる。十二表法とは、貴族の法の知識の独占を平民《プレーベース》に解放するため、四五一〜四五〇年に編纂された法律集成、特に私法集である。いわば貴族と平民とが合意した決定と言ってよい。そして十二表法に加えて、祖先累代の遺風・慣習という不文法が法であった。彼らは「国民が法を裁可する」という観念で法を見ていた。この限り、ローマ人の法律・ローマ法は、他国の法と同等の一つの特殊な独自法にすぎなかった。ローマの法が自然法と一致するならば、ローマ法は「世界法」となる。キケローは『法律について』第一巻でこの方向を踏み出した。

ギリシアのヨーロッパ世界への貢献は哲学である。一方、ローマのそれはローマ法である。ローマ法は元来小国家の法（市民の法）でしかなかったものを、広大な領土となったローマ国家にまで拡大したものである。近代ドイツのザヴィニーそしてモムゼンのローマ法研究の水準は、今日も簡単には凌駕されない。この両者の輝ける業績を我々日本人は今こそ学ぶべきである。キケローの哲学は常に法、歴史、弁論（修辞）と手を結び合っていた。我々は今日、法的思考へしかも法的思考に対して法哲学的に心を向けるべきである。ここでもキケローは導きの星である。

キケローは法の根拠を過去の単なる権威、例えば法務官による布告や十二表法に置かず、最も深い哲理から完全な形で示そうとした。キケローとて、ローマの実定法が現実の階級的利益や時代の利益集合体を反映しそれらから押し出されていることは認識している。しかし、キケローは世界理性こそが世界秩序の導き手であり、世界理性は自然法と同一であると主張する。自然＝全法律＝全理性なのである。全世界が法の根底に働いている。自然に与えられている理性《ラティオー》が法であり、この法が実定法（lex）をつくることを命ずる。

さて実定法であるが、実定法は人間の中の理性的素質と、正義と不正に関する自然的感情に由来する。人間の理性は、自然の中の恒常的な正しい理性へと進展する。実定法は理性のこうした進展内でつくられる。人間に素質としての理性を与えた神は、この不完全な理性を完全な理性に高めるように導く。「人間は正義へと生まれついている」(『法律について』1・28)。実定法は人間の観念に存するのではなく、自然によって存立するものなのである。

キケローはストア派の法理論から確かに影響は受けているが、ローマの法律への具体的展望をもっていたことと、国民の権利を貴族に対しはっきり擁護している点で、彼らと異なっている。

なお、法にはレークス(lex)とユース(jus)の二語あることを付言したい。ユースは正義・正しさを意味し、この語はレークスを包む。しかし逆は真ならずである。

二 ギリシア哲学との対決

ローマ人と哲学そして大カトーについて キケローの細やかで熱のこもったギリシア哲学理解の努力は、それ自体ローマの奇蹟である。それほどローマ人の気質・地金・心性は反哲学であった（本著I・一「若きキケロー」参照）。ローマ人の目にはギリシアの文芸や哲学は華美で優弱であると映り、質実剛健な農民的生き方をよしとする彼らの心性にはいわば異次元のものであった。とにかくこのことがあったればこそ、ギリシアの詩文、雄弁、哲学は、禁圧にも焚書にも会わなかったのである。

とは言っても、哲学者の雄弁・理論性は、反面ローマ精神を危うくするものと貴族たちに受け止められもした。一五五年にアカデメイア派のカルネアデスの一行がローマに使節団としてやって来、哲学講演をした。この講演は、予想以上にローマの青年の心に感銘を与えた。本来ローマは尚武の国であった。当時の大政治家（大カトー、マルクス＝ポルキウス＝カトー＝センソリウス）は、ギリシア文化に染まって人心が軟弱になるのを極端に恐れて、ギリシアの哲人たちを追放したことは有名である。しかしこの表の行動が彼の凡てではない。実際にはカトーはギリシア文化万般を深く学んだ人物であった。カトーはローマの典型的かつ最たるギリシア嫌いとプルタルコスなどによって固定化されているが、そうではない。彼は息子にギリシアの文芸をじっくり知解すること（in-scipire）を勧告しているのである。ただし、ローマ人たる自分たちがギリシア精神を盲目的に模倣することを戒めている。ローマ人の特質に合致するものを熟考して身に着けること、このことをカトーは力説したに過ぎないのである。『起源論』、『農業論』の大作も著したカトーは、繊細な教養と文芸の才のある人物であり、スキピオ（小スキピオ）のいわば精神的師ですらあった。

なお、ローマ人への影響力に関してはストア派が最も大きかった。しかし本来のギリシア哲学はストア派と違って、大らかで豊かな精神世界を紡ぎ出しており、ストア派はローマ人の気質に最も適う或る意味でローマ化したギリシア哲学と言ってよい。

哲学者キケロー復権

既述のように、十九世紀ドイツ、否ヨーロッパ最大のローマ史家モムゼンは、徹底的にキケローを貶視しその上罵倒し尽くした。モムゼンのキケロー非難は哲学者ヘーゲルのそれと基本的に軌を一にする。モムゼンもヘーゲルも、領邦国家群にすぎなかった当時のドイツを一民族の統一国家にもたらす大いなる力（国軍を背景とした力）を待ち望んだのであり、かくして両者はキケローではなくカエサルの再来に夢を託したのであり、そこから過激なキケロー酷評が繰り出されたと言ってよい。キケローの意義・独創性を落ち着いて見てみる時代状況は、当時のドイツにはなかったことは確かである。

モムゼンにとって政治家キケローは「弱虫」、「無定見」、「日和見主義」、「名誉欲の塊り」であった。また哲学者キケローは「折衷主義」、「祖述家」の域にしかいない者であった。キケローの最高の哲学作品、ローマにおけるプラトニズムの建立たる『国家について』も、モムゼンによって「非哲学的にして非歴史的」と足蹴《あしげ》にされる。一方、カエサルはモムゼンにとって、立憲共和政崩壊後の必然的独裁政を目指したのであり、これをモムゼンは僭主政と違う「カエサル主義」と呼んだ。

しかし今日、ビューヒナー、ゲルツァー、フールマン、ハビヒトなどの業績により、政治家キケローの偉大さ、ローマ共和政の死守への献身が顕揚されるようになった。キケローは真の政治哲学者であるとともに政治家であると捉えられてきた。キケローをドイツのワイマール共和国の模範とする賞讃も出ている。「政治家キケローは、ワイマール国家と同じく、政治の領域で真の人間的行動と責任に満ちた確証の実現である」(P＝ヒルデブラント)とまで称えられもする。

哲学者キケローに関しては先のモムゼンのみならず、『パウル＝ヴィソヴァ』の略号で有名な古典学百科辞典の中の『キケロー、哲学的諸著作』の分担執筆者フィリップソンは、「キケローに独自な哲学思想を見出そうとすることは邪道である」とまで言い切っている。この「診断」は今日ほぼ完全に克服されつつあると言ってよい。とは言え、レクラム文庫の『ローマの文芸の原典と解説』第二巻(一九八五)の編者A＝D＝レーマンは、依然として「キケローは独創的哲学者ではなかった」と述べている。これに対し、アリストテレスの論理学や形而上学の研究で有名なパッツィヒは、キケローの時代的特性が哲学の独創性以上に包括的理解を良しとするものであったことを指摘し、さらに続けて曰く、「独創性は一級の者の哲学理論形成の必要条件であっても、意義深い哲学的産出の必要な前提でも十分な条件でもない」。けだし至言であろう。

近年ビューヒナー編の『新しいキケロー像』(一九七一年) が刊行され、思索者・哲学者キケローが浮き彫りにされ、これを機に次々と哲学者キケローの深さと豊かさと批判精神が世に訴えられてきた。関連文献がこの領野で目白押しとなっている。この論集中のクマニエキー (ポーランドの古典学者) の『キケロー 人間―政治家―著述家』と、ジルソン (フランスの中世哲学研究の第一人者) の『キケローにおける雄弁術と智恵』は、特に教えるところ大である。

今日の古代哲学学界はキケローを「ローマ最大の哲学者《デンカー》」、「ヒューマニズムの確立者」、「人間心性の省察者」そして「ギリシア哲学の体系的継承者」、「ヨーロッパにギリシア哲学を贈与した人」と捉え直そうとしている。私はキケローの果たした政治、弁論、歴史を哲学で包み込んだ思索行程を、キケローの世界史的偉大さと捉えている。キケローは「考え抜かれたエポケー (判断停止)」を貫いたという解釈 (O＝ギゴン) もある。が、彼は決してエポケーの徒ではないのである。

キケロー以前のローマの知識人

ローマはまず以ってエピクロス派の哲学を受容した。それはウッティウスによってである。一〇二年の執政官Q＝L＝カトゥルスは哲学書を何冊か読んだ。またポンペイウス (カエサルのライバルのポンペイウスの叔父) は公的生活から身を引き、ストア派の哲学や幾何学そして法の研究に沈潜した。スキピオ＝アフリカヌスの甥Q＝A＝トゥベロは、ストア派の重鎮パナイティオスに弟子入りした。同時にまた、前述の大カトーがローマ人の主体性を守りつつギリシア文化を実に精細に理解したことを逸することはできない。ある意味で大カトーはキケロー以前のキケローとすら言うことができる。その視界の広さこそローマ的教養の開露であった。

哲学への志

キケローは、「哲学にラテン語を教え、哲学にローマ市民権を贈ること」（『善と悪の究極について』3・40）を目指し、政治行動の渦中でローマ共和国への危機意識を抱きつつ、ローマ人としてはじめて包括的哲学（つまり政治哲学のみでなく）の研究をし、ローマ哲学を建立した。当時哲学は、ギリシア語に通じていない者には「封印された学」であった。ラテン語による哲学書は一冊もなかった。キケローの時代まで、ラテン語で哲学を教えることには根深い偏見があった。この突破をなしたのが我々のキケローである。

キケローは八八年、十八歳のときアカデメイア派の学頭ラリサのピロンの講義をローマで聴いた。キケローが十九か二十歳のとき書いた処女作『題材の発見について』は、このピロンがいかに大きくキケローに影響を与えたかを示している。この『題材の発見について』の中でキケローは、ピロン的懐疑へ単に同感しているだけではなく、エポケー（判断停止）を人生を正しく営むための義務であるとすら言明している。既述したところであるが、キケローは二十一歳でクセノフォンの『家政論』をギリシア語からラテン語に訳してもいる。

キケローはピロンだけではなく、七九～七七年、二十七～二十九歳のとき、スッラの恐怖政治を逃れ、ギリシアと小アジアに滞在した。このときアテナイでアンティオコスの講義を聴いた。彼はピロンを引き継いだアカデメイアの学頭である。なお一方で、アンティオコスはアカデメイアを停止させ、別方向の学園を創ったと見るべきという所説もあることはある。キケローの哲学にとって決定的なのは、ラリサのピロンとその後継者アンティオコスとの間に噴出した抗争である。アンティオコスは懐疑主義がプラトンの学統、換言すると「古アカデメイア」を逸脱するとして、師ピロンを批判したのである。「新アカデメイア」を「古アカデメイア」へ戻すことが、アンティオコスの目指すところであった。

キケローの哲学は、この二人、ピロンとアンティオコスの対立を常に最後まで秘めている。それは懐疑《スケプシス》と定説《ドグマ》の対立と一応表現される。

懐疑主義と教説主義（定説主義）の「統合」

とは言え、キケローを単純に折衷的哲学者とか、自己の思想に堅固な締めないし体系性をつけられなかった弱気の人物と見なしてはならない。彼の主なる哲学作品群の内容概略の箇所でも言及するが、彼は誠実に教説（定説）派ドグマティストと懐疑派スケプティストに対決したのであり、両者の問題点を吟味し切開していった。元来公的世界つまりローマの政治世界に関与し、ローマ国家の伝統保持をなによりも大切なことと目したキケローには、教説主義（真理の獲得に至っていることを奉ずる立場）がローマの歴史的現実性を素直に直視しないことに反対し、教説主義が国家より個人の偉大さに依拠するものであることを警戒する。

他方、懐疑主義（真理の探究に立つという姿勢）は余りに変動する現実、人間の有する感覚や知識の不安定性を強調し、それに足を取られ、イデアールなもの（理念的なもの）や人間の理性の高邁さや真理獲得の力を見つめようとしない。

キケローが、たとえ懐疑主義に一層近い立場にあるとしても、その懐疑主義はいわば吟味主義・ソクラテス主義としてのそれである。別の言い方をすれば、極端に走らない穏和な懐疑主義である。キケローは決して知識不可能説《アグノスティシズム》には立ってはいない。現実の熟視とともに高邁な理念の遵守――それは常に現実との対決なしには目指されない――を歩んだキケローにとって、実は懐疑主義は教説主義と相補的であり、彼こそがこの両者の対話を、他の追随を許さぬ平衡感覚と落ち着きで果たしたのである。キケローの独自性、否そこにとどまらず彼の真の独創性は、右の二つの立場の相互排除を批判し、それぞれの一面性を開露したところにある。彼のいわゆる折衷主義は決して混和の醸成ではなかった。

『神々の本性について』でキケローは、論義にあっては権威《アウクトーリタース》よりも論拠《ラティオー》の重要性が求められるべきだ、と述べている（1・10）。懐疑主義とは破壊や否定の虚無主義では断じてない。ローマ国家の共和政への公人としての積極的関与と、歴史的状況の洞見の二途から、懐疑的方向は彼に担われている。そこに定位してキケローは、ヘレニズム期の哲学諸学派・諸潮流をできるだけ公正な眼で吟味し、哲学が真に時代をそして現実世界をさらに理念的方途を力強く生きる人間の営為・

気高い努力として存立することを実現しようとした。

確かに彼の哲学諸作品は懐疑主義（一切の不確かさの強調）と教説主義（人間の準拠して生きるべき真理の確言）の狭間で一見揺れ動いている。そこにキケロー哲学の矛盾を見ることがキケロー研究の常識にすらなっていた。このことには本著のすぐ後で触れる。そして本著は、この常識の誤りを正したい。キケローは不退転の体系的意欲に貫かれていた（『予言について』2・1〜4）。

哲学と弁論（雄弁）

キケローは著作中で何度もプラトンの『ティマイオス』（47b）のことば、「哲学は神々から人間に贈られ到来した、あるいは到来するであろう最も善いものである」を引く。なお、彼は恐らく若い時と思われるが、プラトンのこの唯一の自然哲学の書をラテン語に訳している。

政治家として国民の説得を常に「任務」としたキケローは、雄弁《エーロクエンティア》と哲学とを緊密に結びつけようとした。哲学を欠いた弁論（雄弁）は内容空疎であり、単に勝利を目論むものである。しかもこの弁論は善とか真へ向かうべき道を欠いたものである。一方、弁論（雄弁）を欠いた哲学はどうかと言うと、かかる哲学は人心に深い感銘を与え説得することはできないのである。

キケローにおいてこそ、哲学と雄弁が一種の愛の闘争《リーベンダー―カンプフ》（ヤスパース）を交え、つまり競闘《アゴーン》しつつ共存し、一つになっている。哲学が国家や政治から逃げないということも弁論と哲学の密接さに基づいている。このことはローマの哲学の成立となっている。

キケローとプラトン

右のキケローの志のところでプラトンの『ティマイオス』のことばが引かれているが、キケローのプラトンに対する畏敬の念は哲学史上でも他に類を見ないものであった。弟のクゥィントゥスはキケローをホモ-プラトーニクス（プラトン信奉者）と呼んだ。一方、アリストテレスについては、キケローは通常の尊敬の念を超えなかった（しかしまたアリストテレスやペリパトス派の分析の多角性・視野の豊かさが、キケローに大きく、否ロゴスの展開に関して決定的に作用していることを見失ってはならない）。他方プラトンは、キケローにとって最大の師である。キケローはプラトンのことを、「哲学の主導者《プリーンケプス-ピロソピィアエ》」、「哲学者たちの神《デウス-ピロソポルム》」、「かの我々の神《デウス-イッレ-ノステル》」とまで呼んでいる。また「我々のプラトン《プラトー-ノステル》」とも親しみを込めて呼んでいる。

プラトンの政治哲学の崇高さはキケローを常に鞭撻《べんたつ》するキケローの情熱の源泉であった。しかしそれだけでなく、プラトンの文体の控え目《ウェレークンディア》と優美《エレガンティア》はキケローを魅了して離さなかった。そしてキケローは、「（プラトンの）敵対者とともに真理を考えるよりも、プラトンとともに道に迷う」（『トゥスクルム荘対談集』1・39）と、プラトン信奉を打ち上げているのである。

と同時に我々は、キケローが「プラトンのライバル」（Platonis aemulus）を以って任じていたことも、知らねばならない。

キケローが政治を哲学へ高めんとし、哲学を国家や政治につなげたことは、新アカデメイアのラリサのピロンの影響ではなく、ひたすらプラトンへの心底からの感激であると共に批判的継承の意欲に拠る。国家のために身を捧げること、国家のあるべき正しい航路を訴え続けることは、現世における名誉や地位のためのものではない。死後の世界での浄福、神々に称えられることこそを、否称えられることのみを念頭に置いた活動なのである。キケローは、『国家について』の最終巻と今日位置づけられている「スキピオの夢」においてこのことを述べている。プラトンが『ソクラテスの弁明』や『パイドロス』、『パイドン』のなかでの魂の不死について述べた崇高なことばに自らを委ねたと言える。

キケローのプラトン理解について、それは単に彼のプラトン熟読によるものと言っては話半分であることを踏まえたい。ラリサのピロンという師のプラトン解釈が大きく作用していると見るべきである。

とは言え、キケローの懐疑尊重、「懐疑主義」はそのままラリサのピロンや新アカデメイア派の立場と一つではないことも見失ってはいけない。決してキケローは新アカデメイアの単なる一員に止まらなかった。むしろプラトンのイデア・最高形態の国家（国制）への道を貫くためにこそ、身辺のさまざまの通念をキケローは吟味しようとしたと見るべきである。新アカデメイアの懐疑主義を脱した懐疑主義である。いわば変革された懐疑主義である。

キケローのプラトン批判

キケローの導きの星はプラトンであったことは間違いない。しかし他面においてキケローは、プラトンへの不満と批判を隠さない。それは基本的に二つにまとめられる。キケローは『国家について』で、プラトンの理想国たる哲人王支配の国家が全く歴史的現実に足場や根をもたない観念的なものであることを眼下に見据えた。そして『義務について』では、プラトンが学問的情熱を第一義としたこと、一般に哲学者は強いられなければ国家公共のために身を挺すべきでないとしたことを批判する。つまり哲学者の根本的な非政治《アポリス》(国家への不関与) を批判する。正しい行為たるものが成立するには、自発的にそれが為されるべきだというのが理由である。現実的政治から明確に距離を保って、政治を哲学思索したプラトンに対して、キケローはローマの国是たる共和政に身を挺し学への一意専心を押さえて、政治の渦中に積極的に身を投じたのである。しかしこのことによってこそ、キケローはプラトン哲学をよく理解できたし、ローマ的に改変できたと言うべきであろう。

吟味主義としての懐疑主義

この意味でキケローの「懐疑主義」は「吟味主義」である。「吟味のない《アネクセタストス》人生《ビオス》は人間にとって生きるに値しない」というプラトンの『ソクラテスの弁明』(38 a) 中のソクラテスの姿勢こそが大切とされ、キケローの懐疑を押し出し支えた。

キケローは、実はプラトン以上にソクラテスを高く評価した。プラトンは「哲学の主導者《プリーンケプス・ピロソピィアエ》」と言われるが、ソクラテスは「哲学の父《パレーンス・ピロソピィアエ》」と呼ばれている。キケローはソクラテスの吟味する精神を最も大切にし、ソクラテスで形を与えられた都市の哲学《ピロソピィア・ウムバーナ》を継承し、豊かにしたのである。

都会的な活発多彩、ユーモア、イロニー、ことばの修辞的洗練、これらを示したソクラテスと、深遠なロゴスの展開と政治への鋭く高邁な洞察を押し上げ、豊かな美しい自己作品化（自己造形）を果たしたプラトン、この両哲あってこそ、キケローは「ローマにおける唯一のギリシア精神の継承者」となっているのである。

ソクラテス

キケローのソクラテス観とその問題点

ソクラテスに関してキケローは、次の有名なことばを残している。「ソクラテスは哲学を天から降下させ都市に定着させた最初のひとである」（『トゥスクルム荘対談集』5・10）。さらに『アカデミカ』（1・4、15）は、「ソクラテスはそれまで神秘のヴェールで覆われていた哲学を日常生活の主題へもたらした」と述べている。そして日常生活の主題とは、何が善か悪かの吟味である、と続けられている。

確かにキケローは、プラトンやアリストテレス程には宇宙・天文学や数学、動物学、植物学などの学問には興味を持たなかった。だからと言って、キケローが哲学をソクラテス的に徳の吟味、人間の行為の省察に限定してしまったと見るのは、いささか短慮である。真の（完全な）弁論家は自然学や数学にも通じていなければならない、というのがキケローの高邁な主張なのであればこそである。

かつまたソクラテスはキケローの理解したところとは違って、人間をこの世を超えた神的世界・宇宙へはじめてつなげて問い詰めた人とも言える。人間の生きるうえで向かうべき徳は、現実社会の中で見出し承認されるものではなく、宇宙的真理との共鳴に源を置くことを、ソクラテスははじめて説得性をもって説いたのである。彼は決して哲学を人間主義へ縮小したのではない。ソクラテスの開露したのは宇宙的ヒューマニズムと言うべきである。この点でキケローには誤解ないし先入観があった。

また、キケローはギリシアにおける哲学（知恵）と弁論の対立・軋轢の元凶として、ソクラテスを批難する。ソクラテスは「善く生きること」のみに集中し、華麗にことば豊かに語ることを等閑視したと捉えられてもいる。しかし我々がプラトンの初期対話篇（いわゆるソクラテス的対話篇）を繙く限り、これまたキケローの曲解であると思わざるを得ない。そこにいかにプラトンの壮麗化の手が加わっているにせよ、である。

とは言え、キケローの精神の深さには単にローマ精神を造形した以上のものがある。キケローによってローマ精神が新しく表出されたのである。プラトンは自国や自民族への歯に衣着せぬ痛烈な批判を哲学とした。そもそもイデアなるもの・現実を超え現実を支え現実を高めている力を説いたのは、ギリシアではプラトンだけである。その意味で彼は例外的ギリシア人とも言える。そしてまたキケローも典型的ローマ人というよりも、例外的ローマ人であった。ローマ的精神、ギリシアにないローマの固有性をキケローは哲学的表現にもたらしただけではない。彼は、否彼こそがローマ人に本来欠けている形而上学的深さをローマ精神に注入したのである。政治的現実のなかへ哲学の理想・イデアを導入せんとしたローマ人は、唯一人キケローのみであった。彼に言わせると、ローマ国家の歴史が理想・イデアの実現への道なのである。キケローはここを一層深め、ロゴス化した。カサエル、ポンペイウスそしてアントニウスという政治上のキケローのライバルは、だれ一人哲学に持続する心を寄せはしなかった。カエサルは弁論術を学び、ポンペイウスはストア派の哲人ポセイドニオスと友人であったのではあるが。キケローの政治活動が順風満帆であったとしたら、彼の哲学は書かれなかったであろう。キケローの悲劇的運命がローマの哲学を、そして今日も、否今日こそ意義ある哲学を彼に形成させる機会を与えたのである。キケローの悲運は我々後世の者の幸福であった。

　キケローはギリシア哲学のヨーロッパへの紹介者であるばかりでなく、冷静な平衡感覚で人間の抱く諸観念を吟味し、簡単に一つの理《ことわり》を出さないという哲学の本来の精神を開いた人でもある。そのうえ彼は、真の意味でのヒューマニズムを築いたと言ってよい。

哲学的著作一覧

　キケローの哲学研究・哲学思想は哲学的著作群だけでなく、弁論術に関する著作にも見出される。そのうえ厖大な書簡にもさらに弁論著作にも表現されている。しかしここでは、哲学に集中した著作名だけを挙げておくことにする。

ここで読者の理解に供するため、キケローの哲学著作を年代順に記しておこう。

＊五四〜五一年……『国家について』(De re publica)。全六巻（最初の原稿は九巻）のテキストの四分の一か三分の一が、一八二〇年にヴァチカンの図書館で発見された重ね書き文書（パリムプセストゥス）のなかで発見される。

＊五二〜五一年……『法律について』(De legibus) 三巻（不完全）が現存。作品は多分六巻になるはずであった。キケローはこの作品を未完成のまま残した。公には出まわらなかった。

＊四六年……『ストア派のパラドックス』(Paradoxa Stoicorum)。ストア派の倫理学（道徳哲学）をめぐって（狭義の弁論術著作群にも入る）。

＊四五年三月……『慰め』(Consolatio)。娘の死に臨んでキケロー自身のために書かれた。

＊四五年三〜四月……『ホルテンシウス』(Hortensius)。散佚。しかしかなりの断片が後世の書物に引用され記録されている。哲学の勧めをおこなっている対話形式のもの。キケローの次に続く哲学著作に対する入門の役割がある。

＊四五年五月……『カトゥルス』(Catulus)。今日残っていない。アカデメイア派の知の懐疑論を扱った。

＊四五年六月…………『善と悪の究極について』(De finibus bonorum et malorum) 全五巻。最初の巻あるいは二巻は『トルクァトゥス』と表題がつけられている。究極はラテン語ではフィーニス、これはギリシア語のテロスの訳であり、意味として善と悪の「究極的段階」あるいは「極端な場合」、そして行動の「終結」ないし「目的」の二義がある。このタイトルは今日ではさしづめ『倫理学の基礎』に相応するであろう。この著の中での officium なる語は「義務」というより「ふさわしい行為」という意味である。つまり officium は他人への奉仕という狭い枠のものではない。義務なる欧米語訳（㊥duty㋣pflicht㋫devoir）は根深い誤訳ですらある。
『アカデミカ』(Academici libri)。もともとのアカデミカは二巻であり、カトゥルスとルクッルスが主なる対話者である。このなかの後半が第二巻として残っている。これは「ルクッルス、アカデミカ前書」と名づけられている。キケローはここでの対話者たちが不適格であることに心が傾き、かつウァッロがこの書を自分に捧げてくれるよう頼んだこともあって計画を変え、新しい版をウァッロへ捧げることにし、四巻に配列し直した。そして登場する対話者をウァッロ、アッティクスそしてキケローに改めた。現在の第一巻（パリ写本）は第二版（『アカデミカ後書』）の最初の四分の一を成す。キケローの

唯一の知識哲学の展開である。

＊四五年七〜十二月…『トゥスクルム荘対談集』(Tusculanae disputationes)。キケローのトゥスクルムの別荘でなされた談議で、五巻から成る。

『神々の本性について』(De natura deorum) 全三巻。第三巻の一部散佚。

＊四四年一〜三月……『予言について』(De divinatione) 全二巻。「ラテン語表現で明確にされない哲学の領域などない」(2・4)。

『大カトーまたは老年について』(Cato major de senectute)。

＊四四年四〜十一月…『宿命について』(De fato)。未完。

『ラエリウスまたは友情について』(Laelius de amicitia)。

『栄光について』(De gloria)。散佚。

＊四四年十一月……『義務について』(De officiis) 全三巻。義務、英語の duty と訳されているラテン語の officium は、ギリシア語の καθῆκον に当たる。officium はこのギリシア語のいわば当座しのぎの同義語である。この著の視界は、義務を越えた一切の正しい、適切な行為を包んでいる。そしてこの officium はストア派の徳の厳粛性ではなく、ひとが日常的に倫理の指標とすべきもの、より実現可能なものを指している。先の『善と悪の究極について』の項の「義務」という訳についての箇所を見られたい。

なおこの倫理学書は、不法なやり口で独裁者となったカエサルをはっきり指弾する意図をもっている。英訳では appropriate act が適訳である。

＊執筆年不明のもの…『ティマイオス』(Timaius)。プラトンのこのタイトルのつく対話篇の部分訳。『プロタゴラス』。プラトンの対話篇の訳。散佚。『諸徳について』(De virtutibus)。散佚。

キケローの驚くべき集中力　右の一覧が示すように、キケローが超人的集中力で次々と哲学著作を著したのは、愛娘トゥッリアの死の四五年、六十一歳のときである。『悲しみについて』と『慰め』という二本の随筆を書いてすぐ、キケローは本格的な哲学研究と哲学著述に入る。『善と悪の究極について』、『アカデミカ』、『トゥスクルム荘対談集』、『神々の本性について』が矢継ぎ早に脱稿される。キケロー哲学の殿堂は、なんとこの一年で着工され竣工を迎えたのである。哲学史上他に類を見ない集中力と言ってよい。

翌四四年にはキケローの倫理学、換言すると実践哲学がこれまた次々と送り出される。この年はカエサルの暗殺された年であるが、暗殺前に『大カトーまたは老年について』が、暗殺直後に『予言について』と『ラエリウスまたは友情について』が、五月下旬には『宿命について』(未完)、年末にかけては『義務について』が完成された。

キケローは『トゥスクルム荘対談集』(3・77)で、「いかんともしがたいのに打ちひしがれて悲

キケロー『ラテン語原典全集』。1740年にパリで出版される（著者所蔵）

しんでばかりいるのは最も愚かしいことである」と書いている。
すなわちこの二年の多産豊穣は目を見張るものがある。この年月でギリシア哲学の紹介と批判とローマ的統合に加えて、倫理学的反省の詰めもなされ、まさしくローマにおけるギリシア哲学の移植と、その後のヨーロッパ精神史への決定的貢献が為されたのである。しかもキケローはすでに『国家について』と『法律について』を五十五歳までに書いている。この二著は既述のように、キケローにおける政治（国家）・歴史・法の深い結びつきを示したものである。

それだけでない。キケローは、後に述べるが、弁論術（修辞学）の著作を幾篇も書いている。弁論と哲学（雄弁と哲学）が一つになっていること、また一つになるべきという主張、換言すると哲学的弁論術の樹立こそが哲学史上キケローの最も特色的な独自性である。弁論術的著作群も基本的には哲学的広さと深さとの連結を主張するものであり、これらも哲学書の枠に入れるべきである。そうするとキケローの哲学の著作群は唯々驚嘆する他ない量に達している。

キケローの向かったローマ哲学形成、否端的にキケロー哲学の樹立と並んで、カサエルの果たしたゲルマン民族の領土世界のローマ化が、ヨーロッパの統一的形成を押し出した決定的要因である。しかしキケローのヒューマニズム樹立としての哲学がなかったなら、中世ヨーロッパの普遍的精神の豊かな展開は果たして達成されたであろうか。ホワイトヘットは、ヨーロッパの哲学はプラトンの諸作品の脚注であると言った。しかしプラトンとてキケローの支援なしにはヨーロッパ精神史の根元とはならなかったと言えよう。哲学史を包む精神史のヨーロッパ的形姿はキケローによって育てられたと見るべきである。

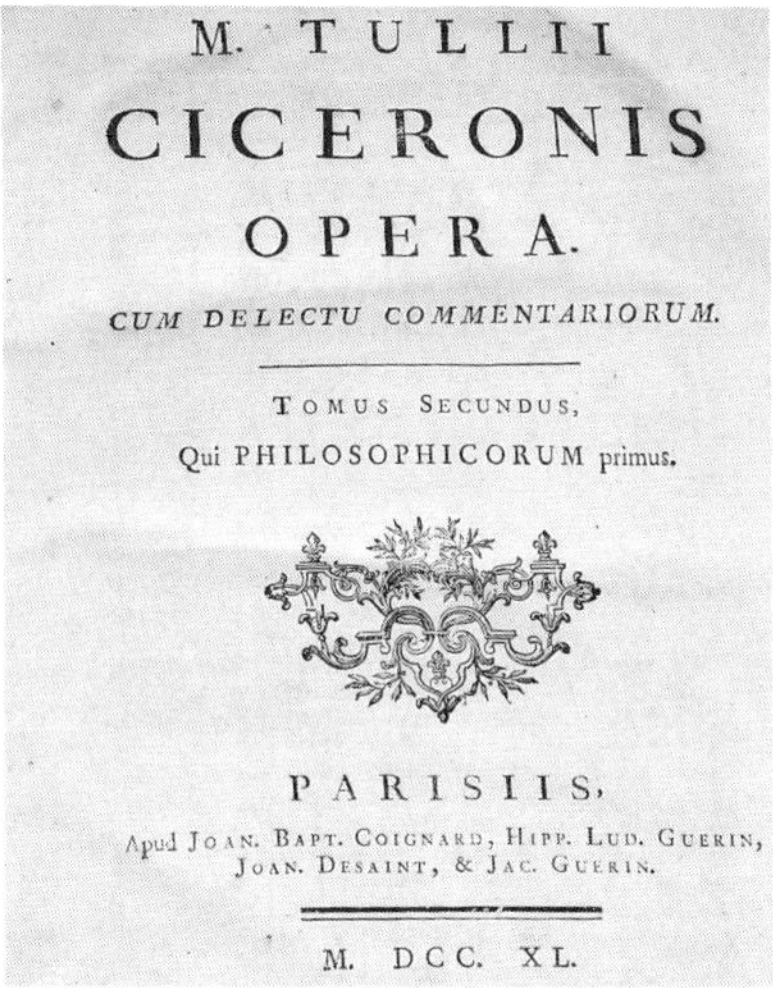
M. TULLII
CICERONIS
OPERA.
CUM DELECTU COMMENTARIORUM.
TOMUS SECUNDUS,
Qui PHILOSOPHICORUM primus.
PARISIIS,
Apud JOAN. BAPT. COIGNARD, HIPP. LUD. GUERIN,
JOAN. DESAINT, & JAC. GUERIN.
M. DCC. XL.

『キケロー全集第１巻』哲学著作集１
1740年刊（パリ）

キケローの時代は哲学学派のみ存在

我々の今日の感覚では、哲学する者とは自由で個人的生活を大切にし、諸学の原理・原本に関する知、人生の真の善を追考する主体性の人という性格づけがなされる。つまりフリーランサーという特定の立場や党派に属さない論客のイメージが強い。

近世のヴィーコ、デカルト、パスカル、スピノザ、ヒューム、ロック、ルソーや、さらに大学教授ではあったがカントなどを想い起こすと容易にこのことが理解される。

ところが、ギリシアの特にソクラテス以後、より厳密に言うとヘレニズム期のギリシアそしてキケローの青年時代に至る地中海古代世界にあっては、ひとはある特定の学園・学派に深く関わり、そこに属することをせずに、自主的に個人で哲学することはあり得なくなってきた。

キケローの時代には個人の自己表現としての哲学はある意味では存在せず、唯それぞれの哲学学派の哲学、例えばストア派の哲学、ペリパトス派の哲学が存在したと言うほうが正確である。学派に参加してしか当時の知識人は哲学活動をおこなえなかった。このことは、一所定住を否定し、地中海地方を歩きまわったシュノペのディオゲネスで代表されるキュニコス派（犬儒派）をも例外とすることではなかった。

キケローの哲学的業績はギリシア人の哲学をローマの現実の生活の中に根づかせたことにある。別の言い方をすると、ローマ人の現実的世界を、ギリシア哲学を継承し批判し補足しつつ哲学的表現にもたらしたことである。そしてこのことは、今述べたように当時勢力を張っていた哲学学派の方向と学説に密着し耳を欹《そばだ》て、これらの綿密な理解を介してなされたのである。着実に学ぶひとキケローは、一人よがりで十分に立体的に周囲を見ない視界の狭い今日の日本の哲学者たちにとってぜひとも途中までででも登るべき高峰であろう。

さてキケローは十八歳のとき、法学を学ぶのと並行して哲学を聴講した。既述のように、アカデメイア派のピロンからである（実はその前にキケローはエピクロス派のパイドロスに出会ったことを手紙の中で告白している）。その当時の哲学学派について見てみよう。

四つの学派

キケローの生きた時代には、アカデメイア派、ストア派、ペリパトス派、エピクロス派が存在し、対抗し、勢力を争っていた。四学派中ストア派とエピクロス派に多数のローマ人が参集し、他の二学派には少人数が加わったのみであった。

ローマはギリシアの弁論家たちの稼ぎ場であり、かつてギリシアのポリス時代、ソフィストたちがアテナイへ蝟集したごとく、彼らはローマへ押し寄せた。これはキケローの青年時代に始まった現象である。また哲学の学派もローマに足場を作り始める。エピクロス派を別にして、ペリパトス、アカデメイア、ストアの三派は哲学のみではなく弁論術も教えた。これは学園のなかへ貴族階級やさらに富裕者の多い騎士階級の子息を引き寄せるためであり、学派の財政上の対応であった。

また当時ローマの名家の若者はギリシア、特にアテナイとロドス島へ遊学し、これらの学派の中心人物から直接哲学を学ぶことが顕著だった。

この四学派間の対立・類縁・各々の学派の問題点について、我々は結局のところキケローの一連の哲学著作に優る資料がないことを肝に銘ずるべきである。各学派の拠って立つ基本思想の平明で周到な分析と批判の冴えは、キケローの思索力の卓越性を示して余りある。キケローの一連の哲学・倫理学書を精細に読むと、各学派のいわゆる教本や文献に強く依拠しての叙述も見える。しかし、それでもなおキケローの独自の論評とまとめがむしろ光っていることを、我々は看過してはならない。

アカデメイア派

キケローは哲学の学びをアカデメイア派の懐疑主義から始めたことは既述したとおりである。さてアカデメイア派とは、プラトンの創設した学園の継承なのであるが、この学派は第六代の学頭アルケシラオスから懐疑主義の方向をとってきた。アルケシラオスは二六八年か二六四年から、二四一年か二四〇年までアカデメイアの学頭であった。彼がアカデメイアを懐疑主義へといわば変革した理由は、「強敵」ストア派と対抗するためであった。ストアの教える体系的教説と方法的確固さへの徹底的疑義がアカデメイアの学統の根本的衣替えとなった。ここでは、感覚的知識に基づく確実な認識の可能性が論駁され、一切に対してはっきりした判断を下すことの停止が打ち出された。

この懐疑的論法の栄光を携えて一五五年ローマへきた第十一代学頭カルネアデスは、ローマで大きな名声を得た。彼は正義についてある日はその是認を、そして明くる日にはその否認をと、両論を連続講義で展開したのである。この講義の反響は大変なものだった。

第十五代学頭のラリサのピロンはアカデメイアの懐疑主義を教えた最後の人である。その徹底振りは、彼が自分の発する懐疑にすら懐疑的であったところに見られる。

キケローとアカデメイア派

キケローにとってラリサのピロンは決定的な存在である。従って、キケローも懐疑的立場をとったと一応言える。しかしキケローの懐疑主義は、本著のこの先で示すように、決して単純素朴なものではない。キケローはアカデメイア派の懐疑主義の路線には素直に同じていない。問題は、キケローに具現され全うされた懐疑主義とは何であったかである。

キケローは「我々のプラトン《プラトー・ノステル》」ということばと並んで、「我々のカルネアデス《カルネアデス・ノステル》」ということばも発している。と言うのは、法廷弁護では先のカルネアデスのやってみせた同じ事柄に賛成と反対を繰り出せることは彼にとって大いに魅力だったからである。

カルネアデス（新アカデメイア派）

とは言え、ピロンと次の第十六代学頭アンティオコスの間には抗争が噴出し、キケローにとってはこの衝突こそが決定的であった。この衝突によりキケローの懐疑主義はふくらみ充実していった。アンティオコスは、アカデメイアの現状すなわちアルケシラオスからカルネアデスを経てピロンに至るこの百八十年を、プラトンからの逸脱であると批難する。

キケローが新アカデメイア派の懐疑主義のピロンの方途に立つのかそれともそれを打破せんとしたアンティオコスの方向に立つのかについては、㈠前者を是とする説と、㈡キケローはその人生の後半では後者に立ったという論がぶつかり合ってきた。しかしこの二つは共に平板な捉え方である。またキケローは認識論的には懐疑主義（ピロン路線）、実践哲学・行為論的には教義主義、つまり一定の確固たる方針で自らの行為を確立できるとする立場（アンティオコス路線）に位置したと解釈するものもいるが、これも不十分である。本来が行為・実践の人、国家政治に哲学以上に情熱を注いだ人キケローは、単にピロンに甘んじることははじめからなかったと見るべきである。キケローは、単に法廷で弁護をおこなうだけの弁論家ではない。キケローはピロンに学びつつ、つまり新アカデメイアという懐疑主義の洗礼を受けつつ、しかも懐疑主義のみで生きたのではなく、この懐疑する姿勢を、吟味を貫き、安易に時のドグマに服さない態度へ結びつけ、新アカデメイアを踏み越えようともしたと見るべきである。キケローはアテナイでアンティオコスの講義にも列したのである。

キケローの晩年は、新アカデメイア（懐疑主義）も、古アカデメイアへ復帰したアンティオコスの学派も共に消滅していた、少なくとも衰退していたのが実情である。キケローの息子は、アテナイでペリパトス派のクラティッポスに師事していた。

なお、アンティオコスは、後の新プラトン派を準備した人であるという説（タイラー）もあるが、大方の学者はこれを批判している（中心はグルッカー）。そしてアンティオコスのアカデメイアは、最早アカデメイアというよりも、彼独自の方針で動き出した全く別の学園となったと解されてもいる。

アカデメイア派の歴史

以下キケローの『ブルートゥス』や、他の哲学的作品で綴られているキケローの時代までのアカデメイア派の展開を図表化しておく。マッケンドリックの『キケローの哲学作品』とゲルラーの「後期アカデメイア」（フラスハル編『ヘレニズムの哲学』）を参考とした。

1　第一期アカデメイア（古アカデメイア）

(1)プラトン（四二八／七〜三四八／七）＝学頭任期、以下同
(2)スペウシッポス（三四八／七〜三三九／八）
(3)クセノクラテス（三三九／八〜三一五／四）
(4)ポレモン（三一五／四〜二七〇／六九）
(5)クラテス（二七〇／六九〜二六八／四）

2　第二期アカデメイア（中期アカデメイア、同意することの保留）

(6)アルケシラオス（二六八／四〜二四一／〇）
(7)キュレネのラキュデス（二四一／〇〜二二四／三）
(8)テレクレス（二二四／三〜二一六／五？）
(9)エウアンドロス（二一六／五？〜？）
(10)ペルガモンのヘゲシヌス（？〜？）

3　第三期アカデメイア（新アカデメイア・蓋然主義）
(11)キュレネのカルネアデス（?〜一三七／六）：一五五にローマへ来る。
(12)カルネアデス（前者の親戚？　一三七／六〜一三一／三〇）
(13)タルソスのクラテス（一三一／〇?〜一二七／六）
(14)カルタゲのクレイトマコス（一二七／六〜一一〇／九）
4　第四期アカデメイア（新アカデメイアの再建）
(15)ラリサのピロン（一一〇／九〜八八?）：キケローはローマで彼の許で学ぶ。
5　第五期アカデメイア（第二期アカデメイアへの復帰）
(16)アンティオコス（六八?〜五一以後）：キケローの師

ストア派

ストア派の開祖は、三三六年にキプロス島のキティオンに生まれたゼノンである。彼は三〇一年アテナイのストア‐ポイキレーで講義を始めた。

キケローの時代のストア派はいわゆる中期ストア派の時代であり、この時代を担ったのはパナイティオス（一二九〜一〇九年の学頭）とその弟子ポセイドニオス（一三五頃〜五一年頃）である。パナイティオスは、一四一年にスキピオのアジア遠征に親衛隊の一員として同道した。パナイティオスの許でストア派はそれまでの論争での素っ気なさを放棄し、この学派でもプラトンや古アカデメイア（スペウシッポスやクセノクラテスの時代）やアリストテレスが読まれ、評価されるようになった。パナイティオスの倫理学では、理論化へ厳しく向かう初期ストア派の厳粛主義が緩和されている。パナイティオスはロドスで教えた。また既述のごとく、彼はスキピオ＝アエミリアヌス＝アフリカヌスとその仲間たちの親密な友であった。

キケローに感化を与えたストア派の最後の哲人はシリアのアパメア生まれのポセイドニオスである。彼はポリマテース（博識家）であり、その著述範囲は歴史、地理、気象、数学、自然学、医学、人類学そして今で言う社会学に及んでいる。古代思想史において、アリストテレスに比肩するのはこのポセイドニオスだけである。彼の歴史書は失われたが、一種の文化史であり、かつ彼の哲学体系――人間の運命を問うた――の補完物の性格がある。

ゼノン（ストア派）

キケローはロドスで彼の講義を聴いた。この哲学者はポンペイウスの友にして支持者であり、ポンペイウスの政策を強く擁護した。つまりポセイドニオスはローマの貴族階級を支持した。彼が強く反対したのはグラックス兄弟の政策であった。

パナイティオスとポセイドニオスの中期ストア哲学は、初期ストア哲学と違って、賢者や有徳者の到達不可能な理想を強調せず、現実の生活においてひとが達成可能な方向を打ち出した。これはキケローに歓迎される柔かさ

ポセイドニオス（ストア派）

であった。

　キケローは彼の諸著作のなかで、幾度か妥協を知らないごりごりのストア派として小カトーを描写している。小カトーはローマ共和政に殉じ、カエサルの寛恕《かんじょ》を求めず自殺したことは前述したところである。

　ポセイドニオスが、ストア派の古くからの公準たる「自然に適合して生きること」は、それだけでは人間の目標設定としては不十分であると唱えたことは、キケローの現実や歴史に足を降ろした哲学に共感をもって迎えられた。

　キケローのストア派への態度と評価は二面的である（かかるキケローの二面はエピクロス派に対しても縮小した形で見られる）。老齢になるにつれてストア派の厳格で厳粛な人間理性の尊敬と、徳のみを善とする思想に彼は深く同じてゆく。キケローの政治哲学はストア派に支えられている。しかし他方ストア派（初期ストア）が現実を直視しないこと、人間の生き方を現実的具体的に見ないことには、キケローは批判を隠さなかった。またキケローには、人間の自由な決断や撰択がストア派では運命にとってかわられていることが何としても許せなかった。

哲学は当時、論理学（弁証法）、自然学、倫理学の三部門から成ることが自明な区分とされていた。この区分は、アカデメイア第三代の学頭クセノクラテス以来のものである。ただし、この三区分はむしろこの派の開祖ゼノンに由来するという説もある。

ストア派の特色

ストア派にとってそもそも哲学とは、徳の訓練である。論理学は真理の基準が何であるかを定めるものであり、自然学は宇宙の本性と宇宙の法則を説くものであり、倫理学は人間の実践生活を論ずるものである。

この派は、すべての知覚や知識は感覚を源泉とすることを主張する。彼らは感覚→知覚→記憶→概念→知識と上昇して、人間の意識界がつくられてゆくとする。ストア派によると宇宙は一個の生き物であり、この宇宙は神によって司られており、神は理性的霊魂である。人間の魂は火としての気息である。物質と精神の間には厳格な区別はなく、一切が四元素に還元される。徳こそは理性的動物としての唯一の目的であり、健康、美貌、力強さ、富、名家の出などは外的な善でしかなく、徳はそれだけで善である。悪と善との間には中間項がない。

ストア派の最後に挙げた主張に対し、キケローはすべての悪人は同等に悪なのか、悪は何であれ同じ量（度合）のものかと批判する。しかしキケローはストア派の倫理学が道徳性を高く掲げることに感銘を受け、『トゥスクルム荘対談集』は、「ストア派こそが唯一の正しい哲学者ではないか」ということばを彼をして発せしめていることも指摘したい。

エピクロス（エピクロス派）

ストア派のパナイティオスとキケロー

キケローの最後の作品『義務について』は、ストア派のパナイティオスからの大きな影響を示している。キケローはこの著の中で、ローマ国家とローマ市民の高潔で寛容な在り方を顕揚しかつ詳論した。これはパナイティオスのローマ国家擁護に支えられている。パナイティオスはアカデメイア派の学頭カルネアデスの放ったローマ国家批判と対決した。カルネアデスはローマの国家膨張つまり国家帝国主義には慈悲や利他などみじんもなく、そこには私利私欲と苛酷が見られるのみだと喝破した。これに対してストア派の学頭パナイティオスはローマの大政治家スキピオのサークルに属し、ローマの国策とそれを遂行した政治家たちに、他の国々には全くない寛恕と融和が実現されていることを指摘した。キケローに、このストア派の哲人のローマ評価が大いなる救いとなったのである。

エピクロス派

創設者は三四一年サモス島に生まれたエピクロスである。エピクロスの哲学の学問性とそれを包む人格の高潔さがこの派を大きくした。キケローは十代に初めて、まとまった哲学の講義をこの派のパイドロスから聴いた。そして二十七〜二十九歳の頃、アテナイで再度パイドロスの講筵に列した。キケローは彼のことを「高貴な哲学者《フィロソフォス－ノービリス》」と呼んでいる。このパイドロスとはローマで出会い、これがキケローにとって哲学への第一歩とされる。

この学派は公的な世界・政治への参加を否定し、いわば静寂主義に立ち、基本的には仲間内の生活を旨とし、「庭園内《ケーポス》の哲学」であった。エピクロス派はローマの伝統的な「ひとはいかに生きるべきか」に関する観念に対して二つの対立的な主張をとっている。一つは「快楽は最高の善である」で、他は「賢者は政治の外に身を置くべきである」という、先述した立場である。しかしこの派が最高善とする快楽はいわゆる快楽主義のそれではない。飽くなき快楽の追求ではない。閑暇を得て落ち着いた生活や談論を楽しみ、美しい詩を読み、それらで心をはずませる生き方が尊ばれたのである。そして「素面の思考《ネーポーン－ロギスモス》」が目指された。力みや責任や苦悩や苦痛を避け、動揺なく安らかな日々を送ることこそ幸福であり善きことと唱えられたのである。

この派は、「賢者たるもの決して醜い快楽など求めない」という立場を唱う。エピクロス派の快楽概念について、キケロー自身もまた後世の人々もかなり誤解している。放逸・放縦とは異なった快楽とは、英語で言うとpleasureではなくjoyである。そしてこの快楽概念がアリストテレスの「不動の動者」としての神の生に連なっていることを、Ph＝メルランは見事に捉えた。

この派の論理は普通人のいわば共通感覚に位を定めたものであり、ここから真理の基準《カノン》を押さえるものである。彼らの自然学は、迷信や死の恐怖からの解放のためのものであった。ニーチェはこのエピクロス派を目の仇にしたのがキリスト教であり、キリスト教は死後世界を設定し、人間の生をおびやかしたと指弾している。ニーチェの「超人」、「永劫回帰」の思想はエピクロス派と関わらせて改めて吟味されるべきである。この派はストア派同様一切の知は感覚からくるとし、かつ数学や天文学のような厳密な学に敬意を払わなかった。
エピクロス派はローマの共和政末期に、政治の動乱に嫌気がさしたたくさんの貴族や富裕者たちを迎え入れるところとなる。しかしこの学派に入ったローマ人のすべてが政治の舞台へ上がることを全く拒否したわけではない。やがてカサエル暗殺の首謀者の一人となったカッシウスもエピクロス派の一員であった。
一方キケローの無二の親友でこの派の信奉者アッティクスは、全く政治に身を乗り出さない生涯を送った。彼はエピクロス派の「政治に関与せぬこと」を常に自己弁明に用いたとキケローは伝えている。キケローには他にも何人かこの派の友人がいた。

エピクロスの示した国事不関与の根本信条は、彼が十八～十九歳のとき父の出身地アテナイで目の当たりにした政治闘争に起因している。当時マケドニアに支配されていたアテナイが反乱を起こした。しかし徹底的に鎮圧され、その結果アテナイの有力政治家の多くが死刑に処せられたのである。

キケローと同時代の大詩人にルクレチウス（九四～五五）がいる。『事物の本質について』という哲学的詩を書いた彼は、エピクロス派の学員であった。キケローが彼の詩を読んでいたのは弟への手紙におけることばから確実である。

キケローも政治の檜舞台から降りざるを得なかった時期にこの派に接近した。しかしそれだからと言って、彼がエピクロス派の哲学に全面的に賛成したということではない。エピクロス派の静寂閑居を旨とする立場は、キケローには到底認められるものではない。エピクロス派へキケローは一時逃避しただけのことである。むしろ、エピクロス派の快活な談論を楽しむ明るさに一時身を置いただけと見るべきだろう。キケローはこの派に対しては体系的にまとまった反対論をぶつけていない。その理由としては、キケローの哲学――それは哲学と政治と弁論（修辞）と歴史との四つの密なる関わりから成る――の本質性にとってはこの派は他の学派以上の意義はないとキケローが考えたことが挙げられよう。しかし実際は、この派への共鳴はキケローに強い。

同時にほぼ明らかなのは、キケローと同時代の貴族や騎士階級がエピクロス派へ傾いていくことへの反撥と阻止が、キケローの反エピクロス派感情の源泉だったということである。そして詩人のルクレチウス――彼は自分が先ず以て哲学者であり、次に詩人であると言っている――の魂の消滅説、原子論（魂すらアトム〈最も滑らかで最も円いアトム〉とする説）さらに彼の詩文のもつ甘さへの不満と危惧の念がキケローをエピクロス派批判に走らせた節がある。つまりルクレチウスとの競闘《アゴーン》がキケローの反エピクロス派の一本の赤い糸と見てよかろう。他方、この派のナポリの学園の主宰者ピロデモスには、キケローは鷹揚な態度をとった。

キケローのエピクロス派批判

『善と悪の究極について』は、快楽を最高の善とするエピクロス派が徹底的に批判される。この派は快楽に動的快楽と静的快楽の二別をつける。静的快楽は無苦痛である。しかしキケローはこの二つの快楽は矛盾し、決して調停されないというのである。

『義務について』では、キケローは「人間が自然によって生み出されたのは遊びや気晴らしのためでなく、真剣さとある種のもっと重要で大きな熱意のためである（1・103）と言っている。キケローにとって、人間が動物や家畜に優っていることは自明なことであった。

キケローの美しい豊かな表現は、エピクロス派の文人趣味を押し出しているようにも思われるが、決してそうではなく、政治哲学への道である。

ペリパトス派（アリストテレスとキケロー）

キケローは現実に具体的に足を置くことを貫いたと同時に、弁論、換言すると説得術と哲学とを架橋した哲学者である。ここからして、彼に果たすペリパトス派の創設者アリストテレスとその学統、学派の意義は極めて大きい。キケロー自身、「プラトンの敵対者たちとともに真理を守るよりも、プラトンとともに道に迷う」と言うほどそのプラトン信奉はキケローの背骨を成しているのだが、キケローの実際の哲学思索・哲学叙述は、はるかにアリストテレスやその学派の仕事に負っていることを我々は認めざるをえない。なお、ペリパトス派を立ち上げたのはアリストテレスの弟子テオプラストスだという説もあることを付言しておく。

キケローがアリストテレスの『哲学の勧め（プロトレプティコス）』に倣って『ホルテンシウス』を著作したことは有名なことである。キケローはアリストテレスのことを「弁論の黄金の流れをつくり出したひと」と賞讃している。

さてこのキケローが読んだのは、今日アリストテレス著作集《コルプス》として我々の目に触れているものではなかった。この著作集は、アリストテレスがアカデメイアや自らが創設したリュケイオンでの講義ノートであり、アリストテレスとしては学外で一般人に読まれることなど全く念頭に置いてはいなかった。なおこの著作集は、ロドスのアンドロニコスが、ストア派のおこなった哲学の分類に力を得て、キケローの殺された四三年以後作り始めたと見てよかろう（ローソン）。

それに対して初期に書かれたものは、プラトンの対話篇に倣って対話形式になっているものが圧倒的である。今日後世の著作家の引用により、間接的かつ断片的にその内容がいささかでも知られるのは、『エウデモス、別名霊魂について』と『哲学について《ペリ‐ピロソフィアース》』と、先に出した『プロトレプティコス（哲学の勧め）』の三篇にすぎない。

キケローの捉えたアリストテレスは、公刊された著作集（いわゆるエクソテーリコイ‐ロゴイ、外部向けのもの）でのアリストテレスであり、そこを超え出たものではない（ギゴン）。つまりキケローは、今日のコルプス中の『形而上学』、『自然学』、『ニコマコス倫理学』、『エウデモス倫理学』、『政治学』、『霊魂論』そして『動物発生論』、『動物部分論』といった作品を全く知らなかったらしい。しかし近年の研究は、これを修正する方向にあることも一言しておく。

ペリパトス派(アリストテレス以後とキケロー)

ペリパトス派は実質的にはキケローに極めて高い評価、そして大きな賞讃をもって受け止められたと考えられる。キケローにとって、ストア的厳格をペリパトス的な現実感覚・現実分析に結びつけることが哲学的思惟の回転軸となっている。そして、ペリパトス派の学員たちはアカデメイア派の学員たちと共に政治哲学者（politici philosophi）であるとキケローに呼ばれている（『弁論家について』3・109）。キケローは、アリストテレスの作品一覧（前述のごとく、それらは今日のコルプスには入っていないものである）を見、哲学的著作の傍《かたわら》に弁論術（修辞学）や政治学に関するものが並べられているのを喜んだのである。アリストテレスの弟子テオプラストスは諸国の法律を集め、ディカイアルコスはアリストテレスの草稿の管理に当たり、デメトリオスはある国家の政治の中枢に立った。政治的弁論術と哲学の緊密な結びつきを学派の特色とするペリパトス派は、現実の政治の哲学的浄化を図ろうとしているキケローには、教えられるところ多大であった。

またキケローにとってペリパトス派への思いは、アテナイでその講義を聴いたアカデメイア派の学頭アンティオコスが師のピロンを批判し、古アカデメイア、ストア、ペリパトスの三方向を総覧して、アカデメイアの学風をプラトンの原点に戻そうとしていたことに力を得たとも見てよかろう。

そして実はキケローは、アリストテレス以後のペリパトス派にはさほど関心を寄せてはおらず、アリストテレスにのみペリパトス派の豊かな学的展開を認めている。

そうは言っても、キケローはペリパトス派の哲学者を無視しているわけではない。第三代の学頭ランプサコスのストラトンからキケローの時代までの三十人の学頭中十四人の名を挙げている。ポントスのヘラクレイデス、ディカイアルコス、タレントスのアリストクセノス、パレモンのデメトリオス、ランプサコスのストラトン、ロドスのヒエロニュモス、トロアスのリュコン、ケオスのアリストン、プセリスのクリトラオス、テュロスのディオドロス、スカリッポン、ディノマコス、ナポリのスタセアス、ペルガモンのクラティッポスである。彼らを細やかに追考することは、今日それなりになされている。

キケローは特に倫理学の領域では、「古アカデメイア派の者たちとペリパトス派の者たち」と総括してこれらの人物を取り上げている。

キケローの思索に特に関わったこの派の人たち

ペリパトス派は第四代学頭リュコンの頃から勢力が衰え始めた。ローマへの浸透力も弱かった。しかし現実や人間の諸観念に対して冷静な比量的分析をおこない、キケローへの影響は一方ならないものがある。キケローは右の十四人の中で、非哲学的観点から名を出している者もいる。パレモンのデメトリオスは弁論術（修辞学）・文体論から言及されているし、ポントスのヘラクレイデスは、キケローを感心させた対話篇の形態から論及されている。

キケローは、アリストテレスとテオプラストスの弟子ディカイアルコスをテオプラストス後のペリパトス派の哲学者の中では最もよく知っていた。ディカイアルコスの集めたギリシアの数多くの国々の国制の資料は、キケローにとって重要なものであった。キケローは『国家について』執筆の際、繰り返しディカイアルコスの資料へ遡っている。

ペリパトス派はまたキケローの倫理学にとって対話と対決の相手となっている。キケローは、人生の目的として「最高善は何か」という問いを『善と悪の究極について』や『トゥスクルム荘対談集』の中で論じているが、その際、ペリパトス派の幾人かの哲学の見解が示されている。ヒエロニュモスの「苦痛からの解放」、スカリッポンとディノマコスの「快を伴っての徳」、テュロスのディオドロスの「徳を伴っての苦痛からの解放」、クリトラオスの「徳を伴っての外的身体的善さ（財産とか美しさとか健康）」の説が紹介される。

しかしキケローは、こうした見解の個別的差違にはほとんど関心を示していない。人生の目的、従って最高善は極端な二項のいずれかではなくその間に存在するとされる。キケローはこのことを、最高善はストア派と（キケローの理解した）エピクロス派の間にあると言い換える。エピクロス派は単なる快楽を、ストア派は単なる徳を目的として立てている。キケローはこの二極を排し、快と徳の均衡を最高善とするのである。

また『法律について』における自然法思想も、キケローのおこなったペリパトス派と連なる細やかな吟味によって一個の独自性に高まったと解される。一方において、今日も自然と歴史は別物であり、自然法は単に理想的で観念的なものとする見解が根強い。しかし、キケローはローマ国家の歩み、国家の成長という歴史の中で、自然法が働いていることを確信する。一方アリストテレスは、自然法が実定法という法的秩序の絶対的な堅固な要素であるとはどこにも主張してはいない。キケローにあっては、自然法（jus naturae）は実定法の中に介入しているとされる。書かれた法が常に書かれざる法と共存していること、ここに法（実定法）の法たる所以、さらに力と意義をキケローは見出したのである。

三　キケローの哲学的形成
懐疑主義と教説(定説)主義の狭間

はじめに

繰り返しになるが、既述した十九世紀最大のローマ史家モムゼンは、キケローの哲学は当時の哲学学派の平板な叙述に終始し、何ら思想の一貫性をもたず、折衷主義というおどおどしたどっちつかずの所産であると扱《こ》きおろした。これは一人歴史家モムゼンだけではなく、十九世紀から二十世紀にかけての古典学界の大方のキケロー評を成していた。ツェラー、ディールス、ウーゼナー、フォン＝アルニムの如きヘレニズム期からローマにかけてのギリシア哲学の資料集を編纂した大御所たちのキケロー観も全くこの域を出なかった。

教説主義（定説主義）は一定の見解を掲げる立場であり、懐疑主義は人知の相対性を強調し単なるもっともなこと、およそ確実なこと、蓋然的真理のみを認める立場である。学派でいうと懐疑主義は中期アカデメイア（第二、第三、第四期アカデメイア）、教説主義は第五期アカデメイアとストア派やペリパトス派であり、キケローには就中《なかんずく》ストア派が教説主義の中心と捉えられている。

キケローが非難されるその「折衷主義」とは、この二極すなわち懐疑主義と教説主義との間を定見なく右往左往する立場というものである。しかもキケローは究極的には懐疑主義に与《くみ》し、彼の背骨は懐疑主義であったとも目されてきた。しかし問題は、キケローの懐疑主義なるものがいかなるものであったか、アカデメイア派のそれと全く同一のものなのかということである。結論的には、それは吟味主義（ソクラテス主義）と言うべきものだったのであり、より正しくはキケローは極端な懐疑主義ではなく、ソフトな懐疑主義の立場をとったのである。キケローの著作中にある哲学各学派の叙述は決して単なる翻訳の域にとどまっているものではない。キケロー自身の判断で論評を加えつつ、曲解せずに対決している〔『善と悪の究極について』（1・6）や『義務について』（1・6）〕のである。それはひ弱な平板な紹介などではない。常に対決の姿勢が当代の各学派の主張に対してとられている。ただし、エピクロス派の受け止め方には無理解が出ている。

しかもキケローはローマ共和政を最善の国制と確信し、この国制を堅持することをなによりも重要な自らの使命とし、ローマ市民へもこの戦列への参加を呼びかけた。理念を忘れず、現実の圧力に腰くだけにならず、現実の中に理念を発見し、現実の歪みを克服し、現実を理念に近づけようとしたキケロー。彼は現世の名誉など全く問題ではなく、死後の浄福のみを目指して現実の打開に奉仕した。こういう倫理的生き方に貫かれたキケロー。故にこそ、キケローには教説主義の存在もはっきり見てとれるのである。

以下「キケローの懐疑主義」といわれるものの実像に迫りたい。

キケローの懐疑主義

懐疑主義がそもそもアカデメイア派の旗印となったのは、アルケシラオスが学頭の時であった。彼はストア派をドグマティズムと位置づけ、それに対抗して判断停止《ユポケー》を提唱した。このことが何を目指したかについてスイスのギリシア哲学研究の第一人者ギゴンは、アルケシラオスの懐疑主義は感性的知覚の領域に関してであり、この立場はイデア的絶対的なものの拒否ではなく、かえってイデア観取（観入）への余地を空けておくものであるとし、プラトン的知の積極的建築への地盤を浄化することが判断停止において目ざされていたと解釈する。しかしこれは極端すぎる解釈であろう。

さて、キケローの懐疑主義について、キケローは実践的・倫理的領域においては教説的《ドグマティカル》発言に傾いているが、理論的著作では懐疑的態度を優越させていると説く論者（ヴァイシェやブルケルト）もいる。これは通りのよい一応説得力をもつ把握であるが、懐疑主義をキケローの著作や関心の一方（理論問題・知識論）にのみもっぱらな立場として捉えるのは、キケローの全人格とその哲学行程を正しく見つめたものとは言い難い。本当のところは、認識の領域と倫理の領域でキケローが別の立場をとったのではない。倫理の領域でもキケローは教説主義と懐疑主義の両方を斥けずに出してくる。しかし、それだからといって彼の立場が二つの軸の上で決着がつかずに動揺していたと決めつけるのは、真実を逸したものである。

キケローの真の立場は懐疑主義と教説主義のあれかこれかの二者択一ではない。人間は高邁な信念、永久的努力怠るべからずの確信をもつべきと同時に、通常の常識的世人的な心の変動の中に立っているし、立たざるを得ない。

キケローの『トゥスクルム荘対談集』の第一巻を開くと、一方で魂は不死であることが主張されているかと思うと、他方でこの見解が放棄され、魂が完全に滅ぶとしても、死は悪ではない（というのは地上のさまざまの苦から解放されるから）と述べられている。そしてこの対立は見かけ上の対立にすぎない。ここでは優れた人間・賢人が是認できる主張と、人間の通常の心情を反映した主張が単に並列して出されているのである。

従ってキケローが、『善と悪の究極について』の第四巻ではストア派の倫理学を非現実的と攻撃し、同書第五巻ではストア派の倫理学を尊ぶべきものと提唱しているのも、決して矛盾でもどっちつかずでもない。ストア派は賢人の立場から尊ばれ、凡人の立場から高邁すぎると批判されているのである。人間には賢人と凡人の別があり、かつ同一の個人に賢人性と凡人性の並存も見られるのである。

しかしキケローは、自己を律し現世の欲望や名声や財力に足を取られない賢者・哲学者である。彼を真に深く捉えているのは懐疑主義、懐疑主義としての新アカデメイアではない。むしろそれはプラトンの崇高な教説の体系と豊かなことば世界とストア派の自己制御の厳しさであった。キケローには余人をもって変えがたい平衡感覚、心の広さが脈打っており、彼が当時の哲学派をその開祖にさかのぼって歴史的展開から叙述できたことはこれまた驚くべきことである。

キケローはまた、一切の見解を賛成と反対の両サイドから吟味した。彼の哲学作品が対話形式をとるのはこのためであった。プラトンではなく、キケローこそ、ある意味では対話的哲学作品の完成者であった。

キケローは単なる翻訳者か

すでに本著の初めに述べたように、キケローの哲学の思想には何ら独創的なものはなく、その凡ては借り物であるという評定が、堂々と古典学辞典の極めつけ『パウル＝ヴィソヴァ』に出ている。この執筆を担当したフィリップソンはキケローの或る手紙（親友アッティクス宛）を引く。この中でキケローは友に答える。アッティクスが『アカデミカ』の第一草稿に触れた際、アッティクスがこの作品はどのようにして成就したかを問うたのに対するキケローの答えである。その有名なことば、そしてキケローの独創性を否定する根拠となったことばは以下のごとくである。「それらは単なる複写（アポグラパ）です。あまり苦労はいりませんでした。ただ言葉上の表現を与えたのが私の貢献なのです」。

右の文言をフィリップソンのように（彼だけではないが）額面どおりに受け止める必要はない。こういう捉え方は、キケローの人となりを見つめない誤解である。『アカデミカ』、『善と悪の究極について』、『義務について』を読むと、キケローの分析力と批判力、そして真理を確立せんとする建設意欲はありありと現れていると言ってよい。彼には早くから「一般的計画の建築術的自覚」（W＝イェーガー）があった。そもそもキケローには、時として自己韜晦《とうかい》的言辞が出るのである。

キケローの哲学四大著作

キケローの哲学作品中、『国家について』と『法律について』はすでに論じられた。この二作を別として、キケローの哲学作品からあえて四つを選ぶとすれば、『アカデミカ』、『トゥスクルム荘対談集』、『神々の本性について』、『善と悪の究極について』であろう。弁論家でもあるキケローの哲学思想は狭義の哲学作品だけでなく、弁論術関係の著作やさらに彼の実際の弁論を伝える作品やその書簡集も踏みしめなければならない。キケローは手紙文による思想伝達をした達人でもある。

しかしここでは、いわゆる哲学（理論哲学と実践哲学）の枠に限ってキケローの哲学を追跡することにする。

『アカデミカ』

キケローの数多くの哲学書中、キケローが哲学者としての名声を最もよく受けている作品は何かと問われれば、躊《ため》うことなく『国家について』と並んで『アカデミカ』と言ってよい。キケローが純粋な哲学学究として、いかに幅広い視野で批判的にかつのびやかに深く関わっていたアカデメイア派と相対したかが押し出されている。キケローは、プラトン以後のアカデメイア派が五期・五層の展開をしたことをはっきり捉えていた。

今日の校本でその第一巻はアカデミカ－ポステリオリと呼ばれてもおり、キケローの作品の第二版である。今日残っている第二巻はルクッルスと呼ばれており、第一版である。

キケローは第一版を執筆した後、意に満たないものを覚え、改めて別稿をつくった。最初の草稿では、第一巻はカルネアデス（第三期アカデメイアの形成者）の懐疑主義と彼の蓋然性の教説を登場人物カトゥルス（七八年執政官、貴族派のリーダー）が繰り広げ、ホルテンシウス（六九年執政官、ウェッレス裁判でキケローに敗れた名弁論家）がアンティオコス（第五期アカデメイアの主導者）の教説主義を押し出し、キケローがラリサのピロン（第四期アカデメイアの中軸）の立場を採ってピロンの説く蓋然論がプラトン主義と矛盾のないものであることを述べたものである。第一巻ではルクッルス（一一〇～五七年頃、スッラの支持者）によって、懐疑主義を攻撃することでアンティオコスの立場が擁護され、次いでキケローが懐疑主義を擁護するという運びになっていた。この第一巻は、第二版ではキケローとウァッロ（一一六～二八年、ローマ最大の博識の持ち主。百科全書的な多方面の領域での書物を著した。カエサルとポンペイウスの間の市民戦争ではポンペイウス側に立った）が対話者となり、キケローが新アカデメイアとともに中期（第二期）アカデメイア派を代弁。一方古アカデメイアがウァッロによって紹介される。

今日の校本の第一巻は、先に述べたように第二版である。しかもその最初の四分の一と残りのわずかな断片が伝わっているだけである。第一版のものは完全に散佚した。また今日の第二巻は第一版によっている。

『アカデミカ』の全体の紹介と分析は紙幅の関係上詳しくはできないので、第二巻でのルクッルスによって出された懐疑主義への攻撃とキケローの懐疑主義の擁護の一端を見るだけにする。ルクッルス……絶対的懐疑に基づく不確実性は不自然である。感覚を通していかなる確実性も獲得できないとする絶対的懐疑は混乱を巻き起こすだけである。これに対して懐疑主義者のある者は言うであろう。「事実がそうだから仕方がない」と。他の懐疑主義者は——そして彼らのほうが論ずるにより値するのだが——絶対的に不確実なものと単純には把握できないものとの間を区別する。そして彼は蓋然的なこと（ありそうなこと、真理のようなもの）が実践や理論における判断の基礎であると主張する。かくして彼らは真と偽の間を区別すると公言する。しかし、真理の一切の公準を破壊する過程において、真と偽とを区別する確かな方法がないとこの者は捉えてもいる。これはナンセンスである。ルクッルスの口を通して絶対的懐疑主義のみならず穏和な懐疑主義も批判された。

キケローの反論……ルクッルスはエピクロス派のような論を出している。この派は諸感覚から推論されるもののみが偽でありえるが、感覚作用それ自体は偽ではないと言う。しかし我々の感覚内容は正しいとしても、制限されている。ルクッルスは自分の制限に満足していると言うが、それはモグラのようなものだ。モグラは盲目だから光を求めないのだ。

キケローが問題とするのは、人間の視覚の狭さではなく、視覚そのものの人を欺く性格である。例えば太陽であるが、太陽は一フィートの大きさに見え、また静止しているように見える。

『アカデミカ』はキケローの哲学的立場——知識論（知識哲学）を経由して倫理学的立場——が極めて明確に出ている。彼は該博な知識を駆使して、教説主義——特にストア派そしてアンティオコスの改革したアカデメイア——と懐疑主義——第二次アカデメイアのアルケシラオスから始まってカルネアデスを経由してピロンに至るアカデメイア——を対話させ、対決させ、そして懐疑主義

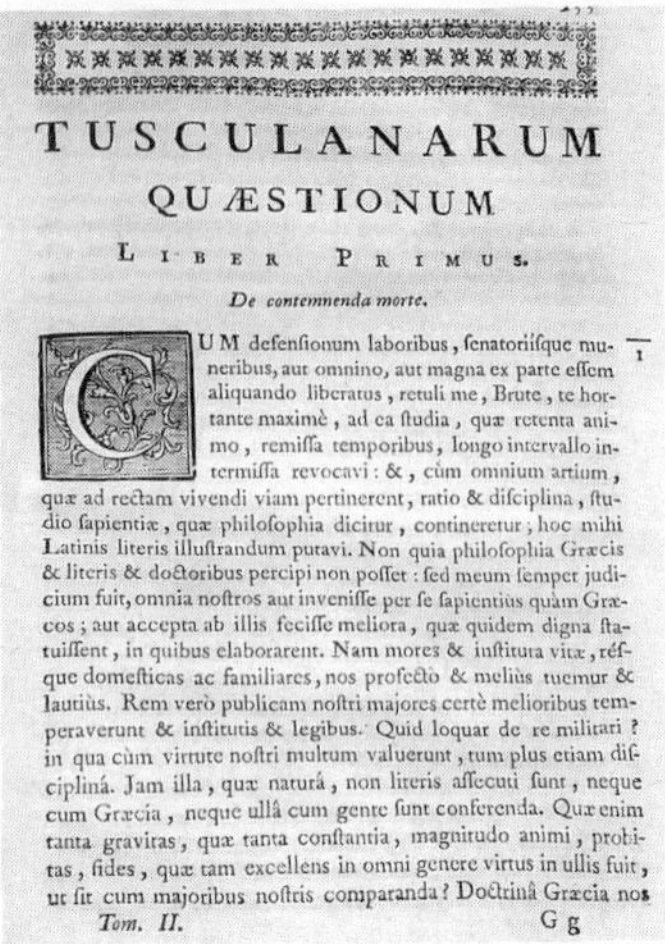
TUSCULANARUM

QUÆSTIONUM

LIBER PRIMUS.

De contemnenda morte.

CUM defenſionum laboribus, ſenatoriiſque muneribus, aut omnino, aut magna ex parte eſſem aliquando liberatus, retuli me, Brute, te hortante maximè, ad ea ſtudia, quæ retenta animo, remiſſa temporibus, longo intervallo intermiſſa revocavi: &, cùm omnium artium, quæ ad rectam vivendi viam pertinerent, ratio & diſciplina, ſtudio ſapientiæ, quæ philoſophia dicitur, contineretur; hoc mihi Latinis literis illuſtrandum putavi. Non quia philoſophia Græcis & literis & doctoribus percipi non poſſet: ſed meum ſemper judicium fuit, omnia noſtros aut inveniſſe per ſe ſapientiùs quàm Græcos; aut accepta ab illis feciſſe meliora, quæ quidem digna ſtatuiſſent, in quibus elaborarent. Nam mores & inſtituta vitæ, réſque domeſticas ac familiares, nos profectò & meliùs tuemur & lautiùs. Rem verò publicam noſtri majores certè melioribus temperaverunt & inſtitutis & legibus. Quid loquar de re militari? in qua cùm virtute noſtri multum valuerunt, tum plus etiam diſciplinâ. Jam illa, quæ naturâ, non literis aſſecuti ſunt, neque cum Græcia, neque ullâ cum gente ſunt conferenda. Quæ enim tanta gravitas, quæ tanta conſtantia, magnitudo animi, probitas, fides, quæ tam excellens in omni genere virtus in ullis fuit, ut ſit cum majoribus noſtris comparanda? Doctrinâ Græcia nos 1

Tom. II. Gg

キケロー『トゥスクルム荘対談集』
1740年刊（パリ）

を真に包括的にして批判的な、有限な人間存在にとっての唯一の誠実な哲学的態度として顕揚している。

教説主義の問題性さらにその不可能性は、教説を唱え掲げる各学派間に常に攻撃や逆襲する論争が絶えないことから示される。否それだけではない。同一の学派内でも見解の相違や対立は消し難いのである。しかも学派たるものはそもそも、現実の激動する社会に一線を画しての内部的静寂さに立脚していることは否めない。現実の動向や危機を凝視し、かつ人心の多様性（人格の高潔な者も平凡な無責任で欲深い人士もいること）を踏まえて、具体的に問題意識的に一切を捉えることは懐疑主義に徹するしかない。しかしキケローの遂行した懐疑主義は、単に批判主義ではない。むしろ彼はプラグマティスト（ペーターソン）に徹し、他者よりも一層の、一歩進んだ真理を探究したのである。以上のキケローのキケロー性が最もはっきりとこの作品で打ち出されている。

『トゥスクルム荘対談集』

この作品は一般の読者を念頭に置き、倫理的な教化を意図して著されたものである。全五巻から成る。

第一巻は、死の恐怖についてが主題となっている。キケローはストア派の結論を退け、プラトン

クリュシッポス（ストア派）

に与《くみ》して、魂の肉体に宿る以前の存在、そして魂の不死を信ずるほうを選ぶ。と同時に前述したように、魂がたとえ不死でなくても、死は善いものであるとも述べられている。

第二巻は、苦しみに耐えることが論じられ、キュレネー派（開祖アリスティッポス、瞬間の快楽を最高善とする）やエピクロス派、そのうえストア派の見解にも反対が表明される。キケローは新アカデメイア（第三、第四期アカデメイア）の立場に同ずる。キケローによると、魂はストア派の説くところとは違い、理性的部分と非理性的部分をもつ。このそれぞれが細やかに規定される。

第三巻は、不安からの解放が取り上げられている。不安の最大の最も深刻な原因は死や死者に対する悲しみからくるが、この悲しみは慰めのない全くの絶望的な事柄ではない。死を悲しみだけで捉えるのは間違いであるとキケローは述べる。愛娘トゥッリアの死に対するキケローの思いが色濃く出ている。

第四巻では、魂の内にある非理性的な情念が問われている。キケローはプラトンの魂論に依拠する。新アカデメイアのカルネアデスに対して反対し、ストア派のクリュシッポスが支持される。そしてペリパトス派が攻撃される。彼らは情念の根絶でなく、規整を唱導しているからである。この巻も第三巻同様、教説主義的見解を尊ぶが、その理由は実践的有効性に照らしてのことである。

第五巻は、徳は幸福にとって十分であると説かれている。ストア派、ペリパトス派、エピクロス派の見解がところどころに用いられている。そして徳が幸福にとって十分であることを、すべての学派の倫理的教説と一致した真理であることを示そうとしている。この巻のキケローはストア派への強い傾斜に立つ。

『トゥスクルム荘対談集』のすぐれた点

キケローのこの著作ではまた、ローマには市民の私生活のモラルや国家秩序そして軍事組織における完成が見られるが、ローマ人は本来の教養（人間形成）に関してはギリシア人から学ばねばならぬことが説かれ、この内容は詩文、弁論そして哲学であるとされる。

キケローは、ソクラテス、プラトン、アリストテレスのいわゆるギリシア古典期の哲学がようやく自らによってローマに根づかせられつつあることを明言すると同時に、イタリアにも古くから（具体的には前五世紀から）哲学があったことをピュタゴラス教団の存在で主張する。しかしこれは、キケローの祖国愛からの牽強付会であろう。

そしてキケローは、真に哲学をローマに移植すること、それは「ギリシア由来の哲学にローマ市民権を与えること」と言われているが、このことのためには、哲学が政治活動と一層緊密な関係に入ることの必要性が力説される。このためには哲学と政治術との共存以上に、哲学が弁論術と連帯することがむしろ要求されるのである。

さらに哲学は単に公民生活の根本を省察することではまだ浅いのであり、キケローはすべての哲学の目標は魂を慰めること、魂を死の恐怖から解放することとそして情念から解き放つことであることを見据えていた。しかも彼は、当時の哲学学派の宗教哲学的、換言すると魂や死についての考え方を分析し批判しているのである。

ヘレニズム期のギリシア哲学がキケローによって平板に比較され、その深底が抉《えぐ》り出されていないという不満や批評が今日でも学究一路の専門家から出されているが、高踏でややもすると学派内に引き籠り、一般人を眼中に置かない当時の学派的哲学をキケローは通常の人間の立場で問い、それぞれの行き過ぎを指摘しており、この功績は極めて大きい。しかもこの仕事はキケローのみが果たし得たと言ってよい。

『神々の本性について』

この著はキケローのいわば『神学大全』である。キケローは哲学的原理に基づいて、信仰と理性とを媒介しつつ、神学の体系的展開を図った。またここでもキケローの歴史的眼差しが遺憾なく発揮されている。ギリシアの自然哲学のみならずギリシア神話の該博な知識には端倪すべからざるものがある。宗教哲学としても名著である。

この著はキケローの鍾愛《しょうあい》した、後にカサエル暗殺の首謀者となるブルートゥスに捧げられている。キケローは今は失われた『ホルテンシウス』のなかで、哲学のみが人間が何を為すべきかを教えることができると述べている。そして『神々の本性について』のはじめ（1・7）でキケローは、ローマが一人の人間（つまりカエサル）の野心に基づく計画と配慮で導かれているこの状況において、国家の利益のためにローマ人に哲学を提示しなければならないと高らかに宣言している。

彼は三つの問題、㈠神々は存在するか、㈡神々は世界と人間にとってどのような関係に立ち得るか、㈢神々と彼らの在り方について人間はどのように考えるべきかを提示し、エピクロス派、ストア派そしてアカデメイア派の見解を出して分析する。

エピクロス派（ウェッレイウスが語る）……この学派の神学は他の二派同様、自然学の第二部門である。しかし開祖エピクロスにあっては、神学は彼の自然学の補足でしかなかった。彼の自然学はデモクリトスの原子論（決してそのままではないが）に基づいている（しかしこの派は一方でデモクリトスに批判的でもあった）。神は存在するとエピクロスは見たが、その神々は他の一切の事物と同じく、原子の偶然の群れにすぎないとされた。神々は諸世界（宇宙）の間の空虚な空間で平静な生を送っている。神々が人間界に全く介入しないことをこの派は強調する。エピクロス派では人間の苦や悩みを慮《おもんぱか》ると、神々は自分たちの幸福な静想を損なうことになる、と考えられる。この派はギリシアの全哲学が混乱した神の観念にたゆたっていると批判する。

ストア派（バルブスが代弁）……この派はエピクロス派とは違って、宇宙が神に統御され、最後の拠り所を神に負っていると説く。神的理性が世界の運動に自らを表している。しかしこの派の所説では物質のみが存在する。物質のみが動きかつ動かされる。魂は火か気息かエーテルである。

アカデメイア派（コッタが述べる）……この派の神学における立場は教説的でなく批判的である。この派はエピクロス派とストア派の中間に立つ。つまりコッタは、神の存在は認めるが更なる教条（神論）を否定する。キケローはこの派に完全には与《くみ》してはいない。

キケローはエピクロス派に断固反対する。そしてアカデメイア派以上にストア派に同ずる。しかしその一方でキケローは、ストア派が決定論者（運命論者）であり、そこには自由の余地がないことを批判する。キケローはアカデメイア派の懐疑主義をコッタに代弁させており、決してキケロー自身アカデメイア派の主張を語っていない。この作品には終始沈黙して登場しているのみである。この理由は、ストア派の宇宙を支配する神を完全に批判すると、伝統的宗教が破壊されるからである。キケローはローマの国家宗教に関わる鳥占官《アウグル》をこの作品執筆時に務めていたのである。

キケローはギリシア初期のいわゆる自然哲学者たちから神学的思想を追究し彼の時代の学派へ至る。タレス、アナクシマンドロス、アナクシメネス、アナクサゴラス、アルクマエオン、ピュタゴラス、クセノパネス、パルメニデス、エンペドクレス、アンティステネス、スペウシッポス、アリストテレス、クセノクラテス、ヘラクレイデスのポンティコス、テオプラストス、ストア派、特にその開祖のゼノン、弟子クレアンテスなどである。

なおペリパトス派が出てこないのは、ペリパトス派とストア派はことばの上で互いに異なっているが、内実は同じとキケローは捉えていたからである（しかしこの判断が正しいか否かは別である）。

特によく引用されるのは、キケローがアリストテレスの今日失われている『哲学について』を取り上げて、アリストテレスの神の観念が矛盾していることを突いている箇所（1・33）である。

アリストテレスは彼の『哲学について』の第三巻で多くの混乱した観念を持ち出している。それは彼の師プラトンの教えるところと一致しない。アリストテレスはあるときは神を知性とし、他では宇宙それ自身が神であると言っている。……（天は）急速な運動（をおこなっているがこれ）は神的意識を破壊する。……知性としての神は身体なしにあるであろう。ここからして知恵が依拠する感覚もないであろう。どのようにして身体をもたない知性が動くことができるか。あるいはどうして永遠の運動の中にいる神は幸福でありえるか（拙訳）。

この作品の中で、宗教のラテン語 religio が「読み直す」（relego）という動詞に由来すると解釈されている。そして「神々の敬愛に関わる凡てを入念に再吟味し、いわば読み直した人たちが敬虔な（religiosus）と呼ばれる」（2・72）と言われている。宗教の原義は、右の「再読する」の他に、「再結合する」（religo）を採る説もある。キリスト教にとっては、後者が好まれることは言うまでもない。

この作品は哲学・観想的神の概念をローマの伝統（auctoritas majorum）と市民の感情に支えられた神の概念が対抗的に論じられていることも逸せられない。キケローのキケロー性とはこの両方向を常に忘れず、一切をこういう広さと緊張で捉えんとすることであった。

『善と悪の究極について』

今日さまざまな宗教的セクトが存在しているが、我々は改めてしっかり自分の知性によって人間の生き方、善とは何かを問う必要がある。また我が国では昨今西田哲学がブームになっているが、我々は思索力をきたえるために、まずもってキケローのこの倫理学書を幾度も繙《ひもと》くべきである。国家、社会、法、歴史、ことばによる自己造形（教養）、捕らわれない宗教考察、これらをきちんと哲学する姿勢を我々は西田からではなく、キケローから先ず学ぶべきである。

キケローは右の作品で最も入念に当代の三つの哲学学派すなわちエピクロス派、ストア派、アンティオコス指導のもとのアカデメイア派を分析し、批判している。ストア派の厳粛主義と徹底主義を高く尊敬しつつも、キケローはこの書ではアンティオコスやこの人物に影響を与えたペリパトス派の現実主義（折衷主義ではなく）と分析性に同感を示している。

この書物はこれまで他のキケローの作品よりも読まれることが少なかったが、熟読に十分値するものである。

『善と悪の究極について』は、三つの別々の対話篇から成る。最初の対話は第一巻・第二巻を占めている。まず第一巻ではエピクロス派の倫理学が展開され、これが第二巻でストア派の立場から反駁されている。第二の対話は第三巻と第四巻でなされ、前巻ではストア派の倫理学が紹介され、後巻ではキケローによりアンティオコスの立場から批判される。第三の対話は第五巻であり、アンティオコスの古アカデメイアへの帰還の立場が叙述され、引き続きキケローからストア派の観点によって、この立場が批判される。

　エピクロス派は、心の平安を人間の意志を自然の法則からの解放に求めるのに対し、ストア派の開祖ゼノンは、心の平安をむしろ自然への従順に認めた。両派の自然概念には大きな径庭がある。ここをキケローはそれぞれ批判した。

　キケローはアリストテレスの倫理学から、幸福とは徳を所有する（身に着けている）状態にあるのではなく、人間の卓越性（特に知性がそれ）の活動にあることを汲みとっている。と同時に彼は、徳のみが善ないし幸福の完成ではなく、外的な善（健康、富、家庭の安定など）が伴ってこそ幸福が完成されると主張した。

　なおこの作品はキケローの最後の作品『義務について』とつなげて読まれなければならない。『義務について』は、キケローのアントニウスとの激突を記録した『フィリッポス王弾劾演説に倣って（ピリッピカ）』と「相補作品《カウンターパート》」（アトキンス）の関係に立つ。

人間精通者（モラリスト）たるキケロー

本章を終えるに際して、キケローがすばらしい人間通（㊦メンシェンケナー）であったことを『老年について』（『大カトー・老年について』）で見てみることにする。二十一世紀はまさしく高齢化社会の到来である。二〇五〇年には日本の予想人口は一億一千万人となり、うち三パーセントつまり約三百万人が百歳以上という見込みである。

現代はいたるところ若者文化が席捲している。特に過去の文化や伝統への関与や畏敬も希薄な我が日本では、年長者や老人への尊敬・敬意が消えていっている。現代はまたスポーツの全盛時代である。スポーツは一種の肉体の崇拝であり、速く、遠く、高く身体を競争の中で運ぶことに喜々と努める活動である。スペインの哲学者オルテガ＝イ＝ガセット曰く、「スポーツの降盛は、老年の価値に対する青春の価値の勝利を意味する」。……「肉体の崇拝は、まさしく小児的傾向の兆候である。というのは、肉体は若い時にのみ美しく軽快だからだ。これに対して精神の崇拝は、老化への意志を意味する。なぜならば、精神は、肉体が衰えだした時はじめて、その絶頂に達するからである」（オルテガ＝イ＝ガセット「芸術の非人間化」／『オルテガ著作集3　芸術論』神吉敬三訳、白水社、八十七頁）。

『老年について』は、ひとが年老いることは自然であり、熟した果実が大地に落ちる如きことだとする。そして老人の体力の衰えは、老年が原因というより若い時代の不摂生・乱暴な生き方による、と説かれる。老年がみじめに思われる四つの根拠が挙げられる。㈠公職を務める機会がない。㈡身体が前より弱る。㈢ほとんど凡ての快楽を欠いてしまう。㈣死が間近となる。キケローはこの四つの凡てに反論し、老年の静かな生を称える。自然に逆らわないこと、自然は死をも包むこと、このことはしかし、若い時から深くものを考えることなしには身に着かない。「青年期に築かれた基盤」(62)こそが、老年の達観につながる。キケローは、「ブドウほど味わって快く、見て美しいものはない」（キケロー『老年の豊かさについて』八木誠一・八木綾子訳、六十三頁）とし、「喜ばしいのは実りばかりではない。大地自身の働きと本性だ」(同訳書六十一頁) と書いている。まさしく自然は大地であり、大地は一切を育みそして一切を自らに受け取るものである。老いることこそこの大地を深く尊拝することなのである。

『友情について』

高潔で自己を高める意欲に満ちた者のみが友を求めることができるというのが、キケロー『友情について』の要諦である。

友情と訳されるアミーキティア (amicitia) は、個人間のみならず国家間の信義ある関係も意味する。徳こそが友情を貫いている。友情は人間の必要《ウーティリタース》や弱さ《イノピア》からではなく、愛《アモール》から生ずることがキケローに力説されている。キケローが小品《オウパスキュー》『友情について』を書いたそもそもの動機は、実は友マティウスとの間の対立であった。この友はカエサル支持者であった。彼は自分と暗殺されたカエサルとの密なる関係をキケローに対して自己弁護した。しかし、キケローにとっては友人の生命よりも国家の自由が優先されるべきことが、彼の残された手紙の中に記されていることに我々は注意すべきである。

四　歴史家としてのキケロー

ローマ屈指の歴史家として

哲学者キケローは政治家であり、政治哲学者であり、弁論家であった。弁論を哲学と結びつけ、哲学的弁論（雄弁）を歴史上はじめて確立できたのはこのキケローである。しかしまた彼は国家や政治を捉えんとするとき、歴史（歴史知識）がいかに大切であるかを、ローマ人のなかでは、否ギリシア人と比べてもだれよりも深く洞見していた。

『弁論家について』（1・158以下）で彼は、歴史が法学と並んで弁論術にとって重要であることを説いている。また『国家について』第二巻は歴史にじっくり居を構えて、ローマ国政史を回顧してのみ、政治哲学（国家哲学）が形づくられるべきと主張している。しかも注意すべきは、歴史記述、歴史の知識が単に弁論術に綾をつけるものに過ぎないとは見られていないことである。つまり歴史が弁論に従属的とされているのではない。歴史記述の独立・独自性がキケローにはきちんと認められていた。キケローは『ブルートゥス』（161）で、彼の青年時代の弁論家クラッススとアントニウスによってローマの弁論術が頂点に達したこと、しかしもし哲学、私法そして歴史により一層精通する人物が新たに出たら、彼らは超えられてしまったであろうとまで述べている。そしてこの人物とはキケロー自身であり、彼はそう自負もしている。

ローマ人と歴史記述

ここで少しローマの歴史家について記そう。キケローの『弁論家について』(2・51-53)は、ギリシア人同様にローマ人が歴史記述に優れていたことを誇らしく伝えている。ローマには、annales maximi と称された最高神祇官《ポンティフェクス・マクシムス》が叙する年代記があった。毎年ローマ国家に生じた大事件の記録であり、いわば正史である。そしてキケローは自分の先達の偉大な歴史(叙述)家としてQ＝F＝ピクトル、M＝P＝カトー、L＝C＝ピソーの三人の名を挙げている。ピクトルはギリシア語ではじめてローマ史を書き、カトーははじめてラテン語でローマ史を書いた。『法律について』(1・6)には他にファンニウスとウェンノーニウスの名が出てくる。

因みにローマの三大歴史家を挙げると、リウィウス(五九〜後一七、あるいは六四〜後一二)、サルスト(八六〜三五)、タキトゥス(後五六〜一一七)である。

キケローの歴史尊重を伝えることば

キケローがどんなに歴史を重要視したか、以下彼のことばをいくつか拾ってみよう。

ひとは自分の生まれる前に起こったことを知らないとすると、いつまでも子供のままでいることになる（『弁論家』120）。

歴史は時代の証人（testis temporum）、真実に対する光（lux veritatis）、記憶に生命を与えるもの（vita memoriae）、人生の教師（magistra vitae）、古《いにしえ》から到来する使者（nuntia vetustatis）である。それに不死性を附加するのは弁論家の声のみである（『弁論家について』2・36）。

我々の国の在り方は、他の国々よりも次の理由で優れている。それは、他の国々では、その国制は一人のひとが法律や制度でつくったということである（『国家について』2・2）。

プラトンはある場所を自分で選び、そこに自分の考えに従って国家を建てた。それは恐らく彼にとっては優れたと思われる国家であろうが、人間と生活と習慣には不適格のものである（『国家について』2・21～22）。

右に引用した最後の文はプラトン批判である。キケローにとってイデアとしての国家、最善の国家とは歴史のなかで長年月死滅することなく続いてきた国家であり、端的に共和政ローマ国家である。むろん、共和政ローマがイデア的なものであるからこそ滅亡することなくこれまで存続してきたとキケローは捉えているのである。

改めてキケローの史眼を学ぶべし

ギリシア文化史において逸すべからざる人物がクセノフォンである。プラトンと並んでソクラテスのすぐれた弟子であり、『（ソクラテスの）思い出』の作者である。なお、キケローは二十一歳の頃クセノフォンの『家政論』をラテン語に翻訳した（『義務について』2・87）。この軍人はまたギリシアにおける、否ヨーロッパ精神史における伝記文学の創設者である（久保正彰氏の教示）。歴史でもなく哲学でもないこのジャンルは、クセノフォンによって開路された。

我がキケローは、ローマにあって、歴史とは何かという史論（としての歴史哲学）をはじめて本格的に考えた人物であり、ここでも彼の功績は光彩陸離たるものがある。歴史は詩文でもなく、誇示的雄弁術でもない。歴史を書くこととはいかなることであり、何であるべきかの熟考はキケローの哲学ならびに弁論術の作品の随所にちりばめられている。彼にとって哲学と弁論術は、歴史的思惟抜きには為されるべきものではなかった。キケローその人の本質を貫くのが歴史的感性である。

我々はギリシアのヘロドトスやツキディデスに偏することなく、ローマの歴史家の史観をもっと学ぶべきである。キケローは途半ばであったが、歴史家としての群を抜く才能と目配りの人であったことを見過ごしてはならない。哲学と詩文の才能が彼の歴史記述の酵母であった。

歴史家キケローの評価と意義

キケローと同時代人の伝記作家で、歴史家でもあったコルネリウス＝ネポスは、早すぎたキケローの死を次のように語っている。

キケローこそは、歴史をそれにふさわしいことばで述べることのできた人物でありかつ述べるべきだった人物なのだ。もちろん彼は始祖たちから受け取った修辞や弁論を粗野な状態から磨き上げたひとであり、彼以前には技巧なきローマ人の哲学を彼の修辞によって形づくったひとでもある。そこからして、私は思わないわけにはいかない。彼の早すぎた死によって、国家あるいは歴史が他のだれよりも悲しんでいるのだ、と（P＝K＝マーシャル編／アウルス＝ゲッリウス『アッティカの夜（Noctes Atticae）』中の原文からの拙訳）。

解釈学と精神史学を確立した哲学者ディルタイも、キケローのうちにこそ、ギリシア人と比べてローマ人における歴史的意識の一層高い段階があることを指摘していることも付言したい。ギリシアにおける歴史（記述）の誕生ばかりが強調され、ギリシア人の歴史意識ばかりが捉えられている我が日本では、ローマの歴史家・歴史意識を明確にギリシアから「独立」させて問うべきである。

ギリシアの大歴史家ポリュビオスはスキピオ＝アフリカヌスの知的サークルに参加したが、スキピオの親友かつ礼讃者であった。キケローはこの知的サークルを舞台として設定し、『国家について』を著したことは既述したところである。

キケローはローマ史を単に人間の織り成す活動の総和とせず、歴史を貫く正義から歴史を意味付けようとした。このことによってキケローはポリュビオスとは異なっている。歴史家キケローは、アリストテレスの為した具体的探求とプラトンの掲げたイデア希求に支えられつつ歴史を見ていると言うべきであろう。

キケローが歴史的に国家を論じ、そのプロセスのなかから最善の国家を鮮明にする仕方は、「ギリシア人の書物のどこにも出てこない論議の新しいやり方（ratio nova）」（『国家について』2・21）である。それは、歴史上の具体的例示に足場をとって理想・イデアを追究することである。

なお、ローマには偉大な歴史家が数多く輩出した。政治家は政治の渦中を離れて、史書を書くことを意図した。彼らはローマの事蹟と栄光を著すことを一つの誇りある公務とした節があることを附言しておく。

五　弁論と哲学の結合を目指して

知恵ある弁論家《サピエーンス・オーラートル》

キケローは弁論をはじめて哲学と結合させた人である。しかもこのことの独創性と意義は今日でも十分把握されているとは言い難い。キケローがこの偉業を達成することができたのは、弁論家キケローは弁論家である以上に、はじめから哲学者であったからである。そして、高邁な理想家であり、学びの人であり、努力家であったからである。法廷や政治の舞台で自己主張を繰り広げることに、精神から響く深みと口さきのことば以上の真理を結びつけることを、彼ほど目指しかつ為し得た弁論家はいない。そして我々は、キケローにとって雄弁《エーロクエンティア》とはどこまでも不法な行為をおこなった者と不当な追訴によって苦境に陥っている者のためのものであったことを肝に銘ずるべきである。「自然によって人間の安寧と保護のために与えられた雄弁を、善良な人々の禍と破滅を目論んで転用することほど非人間的なことはあろうか」(『義務について』2・51　拙訳)。

彼は弁論術や法律以上に哲学を深く広く学んだ。当時の四学派、ストア派、エピクロス派、アカデメイア派、ペリパトス派の哲学者を訪れ、熱心に講義を聴いたことはすでに述べたところである。キケローは、「自分が弁論家としてどれほどの者かはとにかく、弁論家たるわたしは弁論家の工房（学校）からではなく、アカデメイア派の教場から現れ出た」ということを、『弁論家について』(12)の中で書いている。そもそも弁論術（修辞学）の目指す「言説の多彩《コーピア－ディケンディ》」は哲学と結合し、哲学の一部門を成す（『予言について』2・4）と目される。

またキケローは、『神々の本性について』を書いているとき、「自分は今新たに（つまり政治の檜舞台を降りた今）哲学に向かっているのではない。わたしは若いときから少なからざる時間と力を哲学に割いてきた。一見そのようなことが最も少ないように思われる時期（政治家としての活動が多忙な時期）に最も鋭く哲学を追究した。その証拠はわたしの演説に満ちている哲学的見解である」（同書1・6　拙訳）とまで述べている。

キケローにおける弁論術と哲学の切っても切れない親密な間柄についてさらに明らかにする前に、弁論術についてギリシアからローマへ至る歩みをのぞいてみることにしたい。

ギリシア人以上のギリシア語の使い手キケロー

キケローは十八歳（八八年）の時、新アカデメイア派のピロンの哲学と弁論術の講義を聴いた。ピロンこそは弁論と哲学の密なる関わりを強調し、また自ら実現したと言われている。この年、弁論術の教師アポロニオス＝モロンもローマへ来た。ロドス学派のこの学頭ともキケローは知り合う。後に八一年アポロニオスは、ロドスの使節としてローマ元老院で、初めて通訳なしにギリシア語で演説した。

またアポロニオスは、キケローがアテナイで彼の前でギリシア語でおこなった演説に驚嘆し、次のように言ったと伝えられる。

　キケローよ、わたしは君を誉めかつ君に驚いた。そしてわたしはギリシア人の運命を悲しむ。我々（ギリシア人）に残された最後のうるわしいもの、つまり教育《パイディアー》と言論《ロゴス》が君の手によってローマ人に移ってしまうからだ（プルタルコス『キケロ伝』4　拙訳）。

ギリシアから渡来した弁論術

弁論家とはギリシア語では ῥήτωρ（レートール）である。「弁論術の教師」という意味で使われるのはヘレニズム以後で、それまでこの職業に就いている人は通常 σοφιστής（ソピステース）と呼ばれた。ラテン語では orator であり、この語は常に「弁論術の教師」dicendi magister の意味であった。

弁論術というギリシア語は ῥητορική τέχνη（レートリケー‐テクネー）であり、プラトンの『ゴルギアス』449c にはじめて出てくる。プラトンは弁論術は単に経験・習練に基づくものであり、学ではないと述べている。アリストテレスに至って、弁論術は論理学の姉妹となった（政治学の孫とも言われる）。彼の『弁論術（修辞学）』は、「弁論術は確実な知ではなく、大かれ少なかれ的を射た思いなしであり、しかしさまざまの学に用いられる」と規定している。弁論術に一つの学の位置を認めたのは、ストア派であった。弁論を説得をつくることとし、説得することを弁論の定義にしたのは前五世紀のシラクサ人コラクスとティシアスとされる。

ギリシアで弁論術（修辞学）の理論を形づくった三人としてアリストテレス、テオプラストス、そしてテムノスのヘルマゴラス（前二世紀後半の人）があげられる。

ローマにギリシアの弁論術が流れてきたのは前二世紀である。この術をもたらしたのは弁論術の教師よりもむしろ哲学者であった。ところでギリシアにおける弁論術の誕生であるが、これは民主政治と強いつながりのある事態であった。前二世紀中葉、共和政ローマはポエニ戦争で宿敵カルタゴを破り、国土は拡大し、国の経済的繁栄には目覚ましいものがあった。その頃にこのローマを稼ぎ場所としてギリシアの哲学者や弁論家たちが渡ってきた。ローマはギリシア以上に言論を闘わせて裁判や国政をおこなう国であり、ギリシアの修辞学の教師（弁論家）はローマの貴族たちに次第に受け入れられていった。しかし当初、ローマではギリシアの文芸・哲学そして弁論術に対して反撥も強かった。既述のごとく、大カトーはギリシアの知識人がローマで弁論術教育をすることを禁じたほどであった。とは言え、ギリシアの深い学問や文芸の意義がローマ人に理解されてくるにつれてギリシアの弁論術はローマ社会に抵抗感なく浸透していった。

そしてキケローの若い時代に至ってローマにラテン語による弁論術（修辞学）の学校ができ、ローマ独自の弁論術が作られていった。このことにクラッスス、アントニウス、ホルテンシウスが貢献した。しかしローマの弁論術の真の樹立者はキケローであると言ってよい。

弁論術の教本について

「よく語ること」を問い、その道筋を示し出す弁論術（修辞学）の教本としては、ランプサコスのアナクシメネスの『弁論術』、アリストテレスの『弁論術』、著者不明の『ヘレンニウス宛の弁論術』、そしてキケローの『発見・発想論』、『弁論術について』の五つが代表的とされている。このなかのかつてはキケローの作とされていた『ヘレンニウス宛の弁論術』の弁論の構成要素をフールマン（『古代弁論術』）によって辿ってみよう。

一、弁論家の任務（officia orationis）＝弁論をつくり出すに際しての仕事の行程。素材の発見、素材の区分、文章の練り上げ（文体の確立）。

二、弁論の種類（genera causarum）つまり民会での演説、裁判弁説、式辞。

三、弁論の部分（partes orationis）つまり導入部。物語部、立証など。

四、論争状況（status スタトゥスとは争いの当事者の置かれた立場のこと）＝行為者（犯人）についての問い、事情の法的規定、行為の合法性についての問いなど。

五、語ることの力（virtutes dicendi）＝様式の種類。語法の正しさ、明瞭さ、適切さ、言いまわしの綾。

六、様式の特色（genera elocutionis）＝表現の仕方。飾り気のない語り方、ほどほどの語り方、崇高な語り方。

一の弁論家の任務が、弁論に関する演説のなかでの最も包括的な型式を示している。

キケローの弁論術（修辞学）関係著作

キケローの弁論術の技法や歴史、さらに実際の練習に関した著作は次のとおりである。

①『発見（発想）について』(De inventione) 八一～八〇年。
②『弁論家について』(De oratore) 五五年。
③『ブルートゥス』(Brutus) 四六年。
④『弁論家』(Orator) 四六年。
⑤『弁論家の最上の種類について』(De optimo genera oratorum) おそらく四六年。
⑥『弁論術の構成部』(Partitiones oratoriae) 五四年以後。
⑦『トピカ』(Topica) 四四年。
⑧『ストア派のパラドックス』(Paradoxa Stoicorum) 四六年。

他に『ヘレンニウス宛の弁論術』が①と同じ時期のものとされていたが、今日では作者はキケローと別人であることが判明した。

①は、キケローの『弁論家について』(1・5) のことば「少年か青年のとき書かれた」からして、十八歳頃の作である。しかし実際は彼の聴いた弁論術の講義ノートであると思われる。弁論術（修辞学）は題材の発見、配列、表現、記憶、口演（話しぶり）の五つの部分から成るが、この著は

最初の部分で終わっており、未完である。

キケロー自身は言う。「発見とは信ずべき根拠を与える真なるないし真に似た素材（題材）の案出である」（『発見について』1・9）。

この著作のはじめ（1・1〜5）で、キケローは弁論術が正しい使われ方をすることによって人間を荒々しい動物と異なったすぐれたものにすること、またこれが誤用・乱用されると個人や国家に多大の害をもたらすが、よい使われ方をすると大いなる利益をもたらすこと、知恵というすべての人間に関するものごとの導きを伴ってのみ、弁論は国家に大いなる恩恵を与えることを言っている。

このキケローの処女作には、キケローの生涯におよぶ知的誠実さを示すことばがある。

だれかから教えを受けたなら、わたしは素直にかつ快く自分の意見を変えるであろう。なぜなら、不完全に知っていることではなく、愚かしくかつ長らく不完全な知に固執することこそが恥ずべきことなのである。けだし前者は、人間だれにも共通の弱さに帰されることなのだが、後者は各人の個人的咎に帰されることだからである（『発見について』2・9〜10　拙訳）。

なお古代では、弁論術はもっぱら話すことに関する術であり、書くことの術ではない。そしてこの話すこととはほぼ法廷の弁論を意味していたことを付言しておく。

②には後に触れるとして、③をまず出す。③はブルートゥスとの手紙の交換を機縁としてできた。この著はまずアテナイの弁論術の概観をおこなう。ペリクレスが弁論術によって影響された最初の弁論家とされている。次いでローマの弁論術の歴史がキケローの時代まで五期に分けられて叙述されている。

一、最も古いローマの弁論家たち。
二、大カトーとその同時代。
三、グラックス兄弟の時代。
四、クラッススとアントニウスの時代。
五、キケローとホルテンシウスならびに同時代。

④は弁論の先に挙げた五つの部分が論じられている。また弁論術の目指すべきものは、喜ばせること、知らせること、説得することの三つであるとされた。弁論家となるには、才能、研究、実践が必要であると言われた。

⑦はキケローの若い友人の法律家ガイウス＝トレバティウスの懇請によって書いた。この人物はキケローとカエサルの間を取り持ったことで知られている。彼はキケローの別荘の書庫でアリストテレスの『トピカ』を見出し、その内容を解説してくれるようにキケローに頼んだ。キケローはトポスをロクスと訳している。ロクスは「論拠の所在」であり、論拠とは「疑わしいものに信を与える方法」と規定された。

②がキケローの弁論術諸書で最も充実した内容をもっている。この著は①ですでに提起された哲学と弁論術との関係に全面的に答えたものである。しかもこの著作はキケローの哲学そのものの輝かしい建立を意味する。と言うのは、彼にとって哲学は、弁論術に貫かれてはじめて人心に浸透するという具体性を入手するからである。

対話形式で弁論術は諸学《アルテス》（自由学芸《アルテス＝リベラーリス》）・哲学を必要とするか、最高の弁論家とはどういうものかが、多くの登場人物を配して展開されている。

この作品は『国家について』と並んでキケローの思索力の見事な結晶である。この『弁論家について』は、『国家について』と『法律について』とともに、キケロー哲学の三部作と言ってよい。それぞれローマ公民の最高のあり方、ローマ社会の最善な姿、ローマ法典の卓越性を各々が「手分けして」開露している。しかも現実のローマの危うさや建国精神の忘却に鞭を振るいつつ叙述されている。

次に小節を別にして、弁論術諸書のなかの最高傑作である『弁論家について』を概観してみる。

『弁論家について』

三巻から成るこの著は、ローマのみならずギリシアも含めて、古代が残した弁論術についての最も内容の濃い価値ある作品と言ってよい。

この著は対話篇の形をとり、キケローの代弁はL＝クラッスス（九五年執政官）とM＝アントニウス（偉大な弁論家。九九年執政官）である。他にP＝スルピキウス＝ルフス（八八年三十三歳で護民官)、C＝アウルディウス＝コッタ(七五年執政官)、Q＝ムキウス＝スカエウォラ(著名な法律家。一一七年執政官)、Q＝ルタティウス＝クラウス(一〇二年執政官。大弁論家ホルテンシウスの義父)などである。

第一巻は、まずキケローが弟との弁論術についての意見の対立を報告するという形をとる。キケローは真の弁論には包括的教養が不可欠の基礎であると主張する。一方、弟はなにがしかの才能となにがしかの訓練で十分だと反論する。この対立が作品全体を貫く根本的モチーフである。そしてこの巻は、完全な弁論家が必要とする教養の意味と範囲が述べられる。真の弁論家は指導的政治家と同一である。この意味で、弁論家ではなく、政治家が国家を築き維持してゆくべしということが否定される。真の弁論の前提となるのは、才能と学びと実践である。

第二、第三巻は弁論術の根幹、弁論家の任務が五つ出され、第二巻は発想、配列、記憶を、第三巻は表現、振舞《ふるまい》(語り方)を詳細に叙述している。

弁論と哲学

「哲学と弁論の愛の闘い」というパラグラフが本章の先にあるが、ここでは特に弁論から哲学を包みたい。

すでに述べたように、キケローによって弁論術は深く哲学と結びつくべきものとなった。キケローの偉大さはローマ共和政をどこまでも守ろうとしたことと、哲学と弁論の密着を哲学史上はじめて企て、実現したことにある。それは国家の存在が堅固であってはじめて人間は幸福になれると考え続けたキケローにとって、国家の安寧には、弁論術だけでも哲学だけでも不十分であり、両者が一体となって存在すること（単に連携するだけでなく）が不可欠であるという思いによってのものであった。確かに彼のおこなった弁論を哲学的深遠さで包んだ努力も、また哲学をことばの多彩な表現で展開したおこないも、保守的で現実的ローマ人とローマの軍事力との強力な連帯を確立すること、そしてこのことによって専政への傾動を共和政に戻らせることには成功しなかった。時の流れはもはやいかなる弁論をもってしても阻止はできなかったのである。

しかしそれにもかかわらず、哲学と弁論の結合は今日から見て極めて意義深いものがある。人間はことばを持つ動物であり、ことばで意志を伝え、互いに世界観や種々の公的世界での態度を闘わせることをもって本質とする。ことばは武骨で生硬な態度ではなく、精細で広い豊かな心によってこそ花開くのである。ことばは表現しかも心に響き訴える表現として存在する。人間が人間として成長することは、ことばを磨くことと表裏一体の関係である。しかも人間は、いかに生きるべきかという問題、充実した真の幸福に浴する在り方の問題に呼びかけられている。これが哲学である。人間はプラトン、アリストテレスにおいてポリス的動物、政治的共同体つまり国家をつくる動物であるとされた。哲学は単に個人の魂の教化と充実、内面の深まりを目指すのではなく、国家をつくり、国家の運営に関与し、国家に支えられている人間に立つことである。哲学は端的に善い国家、否最善の国家を考えることである。

哲学は弁論の下婢

アリストテレスの人間規定の二つ、「人間はことばをもつ動物であり、国家をつくる動物である」を真に統合させたのがキケローであった。哲学は人間の語る能力《コーピア－ディケンディ》の所産であり、弁論なしには哲学は都市に根をおろすことはできないというのがキケローに一貫した考えである。すでに彼の若いときの『発見(発想)について』の冒頭でも、弁論《エーロクエンティア》なしの知恵《サピエイティア》(＝哲学)は国家にほんのわずかしか役立たない、と書かれている。

そしてこの彼の根本思想こそはローマ的なものであり、ギリシアの思弁的哲学・観想的哲学への批判となっている。彼の哲学著作はギリシア哲学との対決とその超克を目指している。ギリシアの初期哲学が自然・宇宙に関する役立たない思弁に自らを失っていたことが指摘もされている。キケローの目からは、彼が哲学の原点に置いているプラトン哲学すら、現実の国家の省察・哲学を現実に力強く結びつける努力に不徹底であると非難される。哲学は国家政治を見つめ、国民の救済と国家の維持(共和政ローマの維持)をこそ第一の課題とする。

人間は語ることができるということは、人間は単に語るのではなく、よく語らねばならない、ことばを磨くべしということであり、そしてこのことは国家をよく導くためのものである。これがアリストテレスの「人間はことばをもつ動物である」と、「人間はポリスを営む動物である」の統合であり、まさしくキケローによって果たされたローマ的統合である。

哲学が弁論術と密着すべきということは、弁論術が哲学を支え哲学を助ける役割を果たすべきであるからと思われるが、しかし、キケローに言わせるとその逆である。弁論術こそは哲学がどうあるべきか、哲学が一般の人々・国民とどうコミュニケーションすべきかを哲学に教えるのである。この意味で、「哲学は弁論の下婢」なのである。確かに弁論は哲学の衣をまとうことによって、人間の技のなかで最高のものとして現れる。しかし哲学は、決して象牙の塔へ避難して深遠な思弁だけを、そして自己の心の浄化だけを目指すものではない。

序文でも述べたが、三木清、林達夫は哲学が弁論術（修辞学）を欠くべからざること、ロゴスはパトスと共鳴してはじめてロゴスであることを力説した。これはまたカントの概念哲学に放ったハーマンの批判——ことばの生動性と豊穣性とイメージ力——にも連なっている。現代、我々日本人は改めてキケローから学ぶべきである。三木や林とてキケローをきちんと読みはしなかったのだから。

哲学と弁論の愛の闘い

キケローの独自性は、哲学と弁論との「愛の闘い」（ヤスパース）をはじめて本格的におこなったところに見出せる。この精神の自己深化は、今日までキケローにしか達成されていない。キケローの時代はストア派とアカデメイア派、つまり教説主義（真理は獲得されるもの）と懐疑主義（真理は探究されるもの）の対立が激しかった。この抗争は哲学学派間の、従って哲学の枠でのものであった。これに対しキケローは、哲学と弁論との対話をはじめておこなったのである。それは、キケロー自身が弁論家としてローマ最大の存在であったことと、彼が他方においてその学問的才能と平衡感覚においてローマ随一の哲学者であったことによる。このことは、プラトンにもつながっている。プラトンは弁論（美しいことばの送り出し）と哲学（真なることばの建立）の狭間に立っていた。プラトンの内部では詩人の魂と哲学者の魂が嚙み合い激突していたのである。

そしてローマでも、弁論術の教師と哲学者はローマの若者を教育する権利をめぐり争った歴史的事実があり、これまたギリシアの弁論術を売り物としたソフィストと学的に深い真理を索《もと》める哲学者の対立につながっている。ローマでは一六一年と九二年の二度、ギリシアからきていた弁論術の教師たちが追放されもした。

『フィリッポス王弾劾演説に倣って』第九巻　キケローの弁論は西洋精神史のなかで轟き亘っている。彼のおこなった法廷弁論、政治弁論（元老院や民衆を前にして）、式辞等、全体で六十篇近く（タイトル数はその半分）残っている。このなかの一つ『フィリッポス王弾劾演説に倣って』第九巻の一部を紹介する。この弁論はアテナイの弁論家デモステネスが、マケドニアのフィリッポス二世のポリス占拠に対して民衆の決起を求めたことに倣って、キケローがアントニウスの独裁志向と闘った記録である。

この第九巻はセルウィウス＝スルピキウス＝ルフスの顕彰をめぐってのものである。この人物は元老院がアントニウスとの戦いを回避するために派遣した使節団三人の一人として、ムティナのアントニウスの陣営に病気を押して旅出し、途中で亡くなったキケローの友人である。ローマの高名な法律家で高潔な人物であった。

キケローの演説は、ルフスの死は国家への献身であり、それを称えた彫像を建てるべきであるというものであった。これに対し前執政官のセルウィウスが、その死は敵による殺害ではないのだから、建立は必要なしと、過去の事例を挙げて異議を唱えた。キケローの名弁論はこの反対を封じて、彼の提案を見事に承認させたのである。その一部のみを示す。

元老院議員諸君！　諸君が奪った命《いのち》を彼に返したまえ。というのは、死者たちの命は、生きている者たちの記憶に依っているのだからである。諸君が知らずに死へ送ってしまったこのひとが、諸君によって不滅な存在を獲得するように、ことを運んでくれたまえ。もし諸君の決定によって、演壇の上に彼の彫像を建てるならば、後世に生ずる忘却が、彼が使節の任を引き受けたことをおぼろにすることはないであろう。

というのは、セルウィウス＝スルピキウスのこのこと以外の生き方は、多くの輝かしい証拠によってすでにすべての人々の記憶にもたらされている。すべての人々の報告が、彼の威厳、不動心、誠実、国家を守護するに際し発揮した他の追随を許さない配慮と英知を、いつまでも賞讃するであろう。法の解釈と公正の拡大における彼の驚くべき、信じられない、ほとんど神の業とも言える知識について、まさしくだれも語らずにいることはないであろう。

この国で法の知識を身に着けているあらゆる時代のあらゆる人々が一つ所に集められても、そのなかのだれ一人としてセルウィウス＝スルピキウスに肩を並べることはできないであろう。その理由は、彼は法律だけではなく、正義にも精通していたからである。そのように、彼は法令や私法に基礎を置く規範についても、それらを常に寛大な解釈と公正へ帰属せしめ、争いの行動を始めることではなく、争いをなくすることを選んだ。
　ここからして、彼には彫像というこの記念物はなんら必要がないのだ。彼は他のもっと大きな記念碑をもっているのだ。この彫像は彼の気高い死の証人となるし、他のものは誉れ高い生涯の記憶となろう。かくして、この記念碑は功績ある者のためであるよりも、感謝に堪えない元老院のために建てられるのである（拙訳）。

キケローの弁論は、アッティカ風の簡素・平明なものに対してアジア（小アジアのギリシアの植民都市）風の多彩で濃厚なものであることが、右の弁論でわかる。
そして我々は、キケローの弁護は彼に敵対したウェッレス、カティリーナ、クロディウス、アントニウスといった者たちがいたからこそ、引き締まったことも認識すべきである。

弁論術（修辞学）は弁論をつくらない

　キケローは先述したように、弁論（雄弁）の技法や歴史について幾つかの作品を残している。特に『弁論家について』は労作であり、ヨーロッパ精神史上、弁論を哲学的に深く問うたはじめての試みである。

しかしながらキケローは、弁論は弁論術（修辞学）の学校で生まれるのではないことを明言する。弁論誕生の場はギリシアのアゴラであれローマのフォーラムであれ、市民の集いの場である。弁論は技法や練習よりも、民衆の集まっている空間でその場の雰囲気を受け止め、草稿の入念な用意なしに論題を堅め、展開し、盛り上げ、人心に感動を与え同意を得ることでなければならない。キケローは『弁論家について』（1・136）で、「雄弁《エーロクエンティア》は弁論術（修辞学）から生まれるのではなく、弁論術が雄弁より生まれるのだ」とまで言い切る。ここで弁論術と訳したのは artificium であり、この語は技法とか理論を意味する。

弁論のテーマはすべてに及ぶ

ソフィスト＝ゴルギアスは、弁論家（雄弁家）はすべてのことがらについて最もよく語ることができると主張したとキケローは言う。そして「美しく語るという弁論家の本質と任務は、どのような論題が彼に提示されても、彼によってそれが華麗に豊かに語られることを引き受けかつ約束することであると思われる」と続ける（『弁論家について』1・21～22）。

またキケローは、彼以前のローマの弁論家M＝アントニウスの残した一書から、「私は数多くの能弁な弁論家は見てきたが、（真に）雄弁な者は見たことがない」ということばを引き、真の雄弁家であろうとするなら、すべてのことがらに一通り通じていなければならないと言う。キケローの時代は、アカデメイアの第三代学頭クセノクラテス以来哲学は論理学、自然学、倫理学の三部門から成っていた。弁論家が「よく語る」ことを真に遂行できるには、哲学研究を必要とすることは先に触れたところである。そして哲学は右のように三つの部門から成るとすれば、弁論家は単に人間の行為の規範を問う倫理学だけでなく、知の成立と構造を問う論理学や、宇宙やその奥に働く神を問う自然学の知識も必要とされるということである。M＝アントニウスのことばは、ローマにおいて弁論家が哲学を学ぶことがいかに不十分であったかを物語っているとキケローに受け止められたのである。確かに一方においてキケローは、哲学が過度に純理論的・観想的方向、つまり自然や宇宙研究に傾くことに反対してはいる。しかし既述のごとく、キケローは若いとき、プラトンの自然哲学を伝える唯一の書『ティマイオス』を訳してもいるのである。

とは言っても、弁論術にとってソクラテス的方向転換（ただしキケローのこれに関する理解は、必ずしもソクラテスの本意に届いてはいない）が大切とされ、人間的事象万般への知が不可欠と捉えられている。

最後に、弁論がいかに広い教養を養分とするかについて、長いがキケローのことばを引いておく。

我々は詩人を読まねばならぬし、歴史を学ばねばならぬし、一切のよき学芸の師たる人や著者を選び出し、熟読しなければならぬ。そして訓練のためにそれらを賞讃したり、弁護したり、正したり、非難したり、否認しなければならぬ。すべての事柄について両側面（賛成と反対のこと）から考えねばならぬ。それぞれの事物について、真実らしいと思われうることはなんであれそれを発見し論じねばならぬ。私法（民法）を徹底的に学ばねばならぬ。法一般を解せねばならぬ。すべて古代を把握せねばならぬ。また（ローマ）元老院の仕組み、国家の根幹、同盟者の権利、条約、協定、帝国の事情を認識せねばならぬ。

これらに加えて、あらゆる類の都会風の典雅な諷刺のなかから、すべての弁論に、あたかも塩のごとく振りかけられる機知が摘み集められねばならぬ（『弁論家について』1・158〜159　拙訳）。

キケローによって説かれたのは、知恵ある弁論家《サピエーンス‐オーラートル》・完全な（理想的な）弁論家《ペルフェクトゥス‐オーラートル》である。そして「良いもの言い」である弁論は、ことばをもつ動物としての不断の自己形成であり、このことこそが「ひとがひとであること」（フーマーニタース）に他ならなかった。

ソクラテスと弁論術

キケローはソクラテスを、活気ある言語を甘く雅味あるように展開する人として大いに評価する。ソクラテスは自ら何を考えているかを表に出さず終始隠し、かつ知らない振りを貫く。この自己偽装（㊙エイロネイア㋶ディッスィムラーティオー）によってすべての人を超えた壮重な機知を示している。このようにソクラテスを絶讃するキケローは、他方、ソクラテスが賢く思想を手に入れる学つまり哲学と華麗に語る学（弁論術・修辞学）とを切り離した元凶と批難した。キケロー曰く、「今やわたしは最も真なる哲学ではなく、弁論家と結びついた哲学を求める」（『弁論家について』60）。

この叙述を終えるに際して、弁論術不毛の我が国への警鐘を鳴らしたく思う。

弁論術の開く世界

弁論術は、「人の心を一定の方向に導くこと」（プラトン）であるが、だからと言って一方通行の語りではない。「語る者はまた聴き得る者であり、また聴く者は単に聴く者でなく、みずからも語り得る者である。聴く者が同時に語り得る者であるということは、彼が語る者に対して否定の可能性を有する者であることを意味している」（三木清「解釈学と修辞学」岩波書店全集第五巻）。哲学のロゴスは常にディアロゴス（対話）であり、我と汝の間でのことばの発露である。哲学は単に公衆に語るもの、読者のために書くものではなく、人格の泉から（ex homine）出て、相手の人格に（ad hominem）働きかけるものでなければならない。政治の世界の演説もここに立つべきである。生の高貴さに裏打ちされた政治活動、キケローの生涯はこの嚆矢《こうし》であった。

六　キケローとヨーロッパ精神史

はじめに

ヨーロッパ精神史を押し出し支えているのは、ホメロスとプラトンであるとこれまで一般に言われてきた。しかし私はキケローもこの二人と同等にヨーロッパの文化、政治や社会思想、否さらに論究的にものごとを多角的に問うという学の成立を支えてきたと言いたい。キケローは、元来哲学嫌いのローマ人に真の意味でギリシア素姓の哲学を教えた。

一五六／五年、アテナイは自国に課された罰金を免れるために、ローマにディオゲネス（ストア派）、クリトラオス（ペリパトス派）、カルネアデス（アカデメイア派）を派遣した。この三者のなかのカルネアデスは正義（公平）を巡って賛否両論を二日間に亘って論じ、若者の哲学への関心を刺激した。大カトーは一五四年、すぐさまこの三人の退去を元老院に勧告し、元老院はこれを承認した。このようなローマ的心性を打破し、哲学の重要性をローマ人に説得的に根づかせたのが他ならぬキケローであった。

より積極的に言ってヨーロッパの各時代は、キケローとの出会い、キケローの発見で幕を開けることができたと見ることすらできる。そして各時代はそれぞれのキケロー像をもったのである。ヨーロッパ中世のキリスト教全盛期、中世と近世にまたがるイタリアのルネサンス期、そして中世と訣別せんとした十八世紀フランス啓蒙主義の三つの時代は、それぞれにキケローを発見した。

精神史という概念については拙編著『精神史としての哲学史』（東信堂）のまえがきを見られたい。ヘーゲル、W＝フォン＝フンボルト、ディルタイと「精神史概念」は展開してきたのであるが、ここで「精神史とは？」への短かい答えとして、「あらゆる出来事を一つの全体の部分として見る立場」、さらに「すべてを運動するもの・成れるものとしてかつ統合的視界で捉えること」と言っておこう。

三つの時代とキケローの関係について、ロシアの聖ペテルブルク大学教授だったツィーリンスキは次のようにまとめる。

一、キリスト教中世……キケローはもっぱら哲学者しかも道徳哲学者として捉えられた。この時代はキケローの哲学的著作のみが意味をもっていた。

二、ルネサンス期……キケローはその人間性によって知られた。彼の人間性はその書簡集に最もよく出ているので、とりわけ書簡集が重要視された。またこの時代はキケローの哲学から個人主義が学ばれた。

三、啓蒙主義期……キケローの哲学的本質性の三番目の側面、すなわち懐疑的立場が発見された。政治家キケローがこの時代に浮き彫りにされ、演説や政治的著作が大いに読まれた。

ヨーロッパの文学、宗教思想、なによりも経済・社会・政治思想に広く影響を行使したのは、プラトンではない。それはむしろキケローである。ヨーロッパにのみ真の意味でうるわしく花開いたヒューマニズムの概念と内実の創造者はキケローその人である。「わたしは人間である。人間的なものの何一つとしてわたしに無関係であるとは思わない」(homo sum, hmmani nihil a me alienum puto) とは、ローマのテレンティウス (Terentius, 一九〇～一五九) のことばであるが、この先達の視界を作品世界に造形したのがキケローなのである。

そもそもプラトンの意義を真に捉え、ヨーロッパに伝えることができたのはキケローである。かつ深く論議すること、多角的に論述を展開すること、これはヨーロッパの哲学や思想のもつ緻密さや周到さに他ならないが、この点でもキケローの果たした役割は決定的である。人間の繰り出す思いなし・意見は絶対的ではない。ある主張の吟味は必ずそれに抗う主張の吟味と相補的でなければならない。対立する見解を自説に対向させて入念に吟味すること、この難事を古代においてキケロー以外だれが果たしえたであろうか。このことこそキケローの哲学と弁論の綜合としてのより大きい哲学が実現したものなのである。

キケローがヨーロッパ精神史へ果たした最初の働きかけは、後三世紀のキリスト教教父アンブロシウスによるキケロー『義務について』との対決である。キケローが倫理を公人のためのものとしたのに対し、彼は内面的人間のためのものとした。

アウグスティヌスとキケロー

ここで「キリスト教教父としてのキケロー」の一面をもつアウグスティヌスの『神の国』を出してキケローとの関係を叙する。この作品にキケローへの言及は百三十箇所ある。キリスト教信仰に立って、アウグスティヌスにとって、地上の国はいかにすぐれた国、道徳的頽廃に陥っていない国でも悪しき国である。地上の国は人間の我欲に汚染されている。

キケローは「国家は国民のものである」と言い、さらに「国家は民衆の単なる集団ではなく、法についての同意と利益の共有によっての民衆の結合である」と定義した。このことは、国家は法と正義なしには存在しないということである。

これに対してアウグスティヌスは、そうであるならば、ローマ国家は決して存在しなかったとキケローを批判する。「魂が神に、肉が魂に、そして魂も肉もともに神に従う」(『神の国』19・4)のでない限り、正義は存在しないというのである。また「海賊の犯罪活動と国家の仕掛ける戦争は同じものだ」(同書4・4)とすら言われている。アウグスティヌスに言わせると、ローマ国家はキケローが力説するように、執政官、元老院、護民官による混合政体によって国民のものとなっていたのではない。貴族の既得権保持という不正義に貫かれていた。アウグスティヌスはキリスト教にいまだ至らないローマ国家、ローマ史全体を批判する。そして実は、彼の批判には先達がいた。それは第三次アカデメイアの学頭カルネアデスである。彼はローマ「帝国主義」を頭から批判した。

ところでアウグスティヌスは、ローマ人の経験たる「人間の制度としての国と神的秩序体としての国の一体化」を全く見ることができなかった。キケローそしてその友ウァロもローマ国家を政治と宗教の結びついたものと考えていたのである。

とは言えアウグスティヌスが国家を論じること、かつ論じることそれ自体の緻密な展開はキケローに決定的に影響されている。彼は本来的にキケロー的心性の人であった。

トマス＝アクィナス（一二二五／六〜七四）については、その主著『神学大全』がキケローの十分な知識を示していることのみを付言しておく。

ルネサンス時代――特にペトラルカとマッキャベリ

ペトラルカ（一三〇四〜七四）は、一三四三年ヴェローナの大聖堂図書館でキケローの書簡の一部の校訂本を発見した。正確にはその凡てではなく、アッティクス、ブルートゥス、オクタウィアヌス宛の手紙だけであったが。彼こそは、その後キケローがヨーロッパ精神史に絶大な力を発揮するきっかけをつくった人である。

「キケローのことばの甘美と心地よい響き」(dulcedo et sonoritas verborum Ciceronis) はペトラルカを完全に虜《とりこ》にした。「弁論が問題となるとき、私はキケローを讃美するだけでなく、キケローを模倣する」ということばすら彼は発した。

キケローの弁論術書の頂点『弁論家について』の完全な写本は一四二一年発見された。キケローがルネサンスの花咲ける文芸に及ぼした感化は絶対である。対話形式、教育的・倫理的論究、現実の状況への定位、このルネサンス文芸の特質はすべからくキケローに負う。「人文主義的研究」(studia humanitatis)、それはルネサンスの三大詩人ダンテ、ペトラルカ、ボッカチオを貫くものであり、キケローとの出会いがこの時代を刻印付けている。

ペトラルカは、キケローと同じく弁論術（修辞学）を通して哲学へ接近した。この道こそが中世スコラ主義の克服となる。アリストテレスはスコラ哲学と結びついていた。これに対し人間の捕われない自由、しかも高貴な自由を唱《うた》うプラトンがキケローを介してルネサンスに響き出したのである。ペトラルカによって、キケローが書斎人ではなく、活動的人生において社交や政治を愛し守ったことも高く評価された。彼はキケローの書簡集を読み、涙を禁じえなかった。キケローの人間性、それには人間的弱さも含まれるが、その人間性がペトラルカを揺さぶったのである。

ペトラルカのキケロー発見とキケロー賞讃は、C＝サルターティ（一三三一～一四〇六）やP＝ブラッシオリーニ（一三八〇～一四五九）、さらに政治思想家マッキャベリ（一四六九～一五二七）へ継承されてゆく。まさしくキケローはルネサンス人の亀鑑であった。

マッキャベリは近代政治学の父と称される人であり、神学や倫理学から政治学を独立・分離させ、かくして政治学を確立した人である。このことは彼の作品（特に『君主論』）をアリストテレスの政治学と較べるとよくわかる。マッキャベリがキケローの『義務について』を熟読したのは、『君主論』のパワー＝ポリティクの叙述にうかがえる。無論、目的は手段を合法化するというマッキャベリズムは、キケローには否定的に捉えられている。キケローの主張を逆転させたのがマッキャベリであった。また彼は、キケローが『国家について』でローマ史を歴史の見本として理想国家を説いたことに立脚し、この作品がローマ国家史を教える最も大なる見本と受け止めた。

マッキャベリの説くよき国家を確立する政治的英知は、全体として実にキケローの国家思想に符合している。それは民主的共和国（キケローでは混合政体）の優越、民衆の同意の獲得、立法家の重要性、国家存続にとって軍事力の必要、宗教を利用することである。また文明が頽廃と崩壊を通して再興するという歴史認識も、両者は共有している。

グロティウス　オランダの生んだ国際法の父ヒューゴ＝グロティウス（一五八三〜一六四五）は神童の名をほしいままにした。彼はキケロー同様、「教養の奇蹟」といってよい程の博識であり、法律家であり、政治家でもあった。すでに九歳でラテン語の詩を書いた。一六二五年に出版した『戦争と平和の法』は、キケローからの引用の宝庫でもある。『弁論家について』、『国家について』、『法律について』、『ブルートゥス』、『アカデミカ』、『善と悪の究極について』、『トゥスクルム荘対談集』、『神々の本性について』、『予言について』、『トピカ』、そして『義務について』への言及が極めて多い。彼もマッキャベリの場合と同じく、キケローの描くローマ国政史から見本（実例）を数多く借用している。

約束や条約を守ることは、いわば貴族の義務であるが、キケローとともにグロティウスもこのことを国家にとって最も大切なことととした。マッキャベリとグロティウスはある意味で全く対立した思想家であるにもかかわらず、ともにキケローに大きく負っているのは興味深い。

ホッブス　トーマス＝ホッブス（一五八八〜一六七九）の『リヴァイアサン』は、キケローの国家像と全く対蹠的な考えを打ち出している。ホッブスにとって国家はその本性において孤独で、貧弱で、いやらしく、獣的で、短命であると捉えられる。彼はキケローよりはるかにペシミスティクである。『リヴァイアサン』の半分以上は宗教を取り扱っているが、その内容は凡てキケローの『予言について』に見出される。

ホッブスの見解では、統治者は絶対的である。そして統治者の権限は、臣民との契約によるとされる。キケローは『国家について』で、本来的に最善なのは混合政体ではなく、知恵ある一人の王による支配であると述べているが、このところにホッブスはつながっている。

ヴィーコ　イタリア最大の哲学者はジャンバッティスタ＝ヴィーコ（一六六八〜一七四四）である。彼はナポリ大学法学部の修辞学教授を務めた。歴史哲学の真の意味の開祖とされる。ローマ法やローマ史にも詳しく、この領域でキケローの著作をかなり参照している。

彼の主著は『新しい学』（正確には『諸国民の共通の本性に関する新しい学の諸原理』、これは第三版での表題）であるが、このなかで彼はキケローの『神々の本性について』や『法律について』を引用している。

ヴィーコはストア派やエピクロス派の哲学を孤独な哲学と呼ぶ。両派は国家の問題を哲学的課題としなかったからである。

ヴィーコにとって歴史は、人間と神の協業の過程である。彼は、キケローがエピクロス主義者のアッティクスに向かって、神の摂理が存在することに同意しない限り、ともに法を論ずることはできないと語ったことは、もっともなことだと『新しい学』(335)で述べている。

またヴィーコは蓋然性（ありそうなこと）こそを真の真理とし、歴史を問うこと、歴史学の学問性を自然科学の厳密性に対抗させたが、ここでも彼はキケローの「弟子」である。

モンテスキュー

『法の精神』の著者モンテスキュー（一六八九〜一七五八）とキケローに共通な考えは、倫理と政治が堅く結びつかねばならないという信念である。

モンテスキューの『法の精神』は、十九世紀社会学の先駆けとされる。この著の革新的見地は、すでにキケローの中に見出される。自然法思想、市民道徳、政治の三形態（王政、民主政、僭主政）の分析、権力の分立、気候の人間の性格に及ぼす影響、宗教と寛容などである。

ヴォルテール

フランス啓蒙主義の中心、「ヴォルテールの時代」と十八世紀中葉を言わしめたあでやかな活動を繰り広げた文筆家ヴォルテール（一六九四〜一七七八）は、十八世紀におけるキケローの最大の賞讃者である。「キケローなしではヴォルテールは考えられず、またヴォルテールなしではキケローは考えられない」（ラマルティン）。ヴォルテールは特にキケローの作品群中哲学関係のものを熟読した。『神々の本性について』では、ストア派の神の摂理説に強く心を揺さぶられた。『トゥスクルム荘対談集』では、魂は不死か不死でないかに刺激された。ヴォルテールは、通常の解釈と異なり、キケローは魂は死すべきものであると説いたと捉えている。『義務について』は、時代を超えて妥当する道徳の叙述として、その後のいかなる人も到達できない理説であると絶讃されている。ヴォルテールはキケローを、迷信にすぎない実定宗教を拒否する自由思想家《リベルタン》と見なしている。また、カティリーナ事件をめぐるキケローの対処を、このフランス啓蒙期に行き過ぎと批難する著作がいくつか現れたが、ヴォルテールはローマの救済者としてキケローを擁護した。他方ルソーは、それほどにはキケローを称えていないことを一言する。

　ヴォルテールは理神論者なのだが、この思想をそのまま書物にすると封印状（投獄や追放を命ずる令状）がくる危険があるので、キケロー宛のメニウスの手紙――偶々《たまたま》ヴァチカンの図書館でロシアの侯爵が発見し、それをヴォルテールがロシア語からフランス語に訳したという形式――という装いのもと、理神論を公にしたことも知られている。なおヴォルテールを宮廷に招いたドイツプロイセンの国王フリードリッヒ大王も、大のキケローファンであった。

フランス革命期（特にG＝B＝マブリー）

キケローは、啓蒙時代そしてフランス革命に至る時代の十八世紀に、フランスの知識人の凡ての心を捉えたと言ってよい。フランス革命の先駆者という価値評価を受けているマブリーやミラボー、ルソー、ロベスピエールはキケローからあるべき国家像・国民像について多少の差はあれ、新しい泉を汲んだ。ロベスピエールは彼の敵からはカティリーナと呼ばれ、仲間からはキケローと呼ばれた。

マブリー（一七〇九～八五）のみについて記すと、彼は「諸君は古代史のなかにすべてを発見する。愚かさ、大失敗、無作法を発見するためには現代を研究する必要はない」ということばを残した。さらに彼は、「他の者たちとともに真理を発見するよりも、キケローに従って道をあやまる方をよしとしたい」というキケロー絶讃を発している。

フランス革命期は裁判制度改革の時代でもあった。このことに弁護活動でローマ一名高いキケロー、かつ共和政堅持の論陣を常に張ったキケローは、大いに関心と研究の的となった。

革命とは政治哲学者アーレントが言うように、古きに還ることであり、キケローのローマ共和政死守がフランス革命を演じた者たちの導きの星ですらあったのである。

なおマブリーが、「キケローの『国家について』が我々に残されていないのは残念である」と言っているが、当時まだこの作品はヴァチカンの図書館に眠ったままであった。

カント　ケーニッヒスベルクの哲人カント（一七二四～一八〇四）は、いわばドイツのストア派である。ギムナジウム時代に彼はキケローの作品をいくつか読んでいる。カントの蔵書の中に『義務について』のガルフェの独訳と注釈が見出される。カントの『道徳形而上学原論』は、この『義務について』との「対話」からできたと言える。この『原論』は随所にキケローの『義務について』ばかりでなく、『善と悪の究極について』との「対話」との連携もうかがえる。自然法、普遍的立法の座としての理性についてカントは、キケローから大いに汲みとっている。

近年「カントの人間学」という視界がますます多く見受けられるが、キケローという最大の人間通の様々の金言や鋭い表現もカントに刺激を与えたことは想像に難くない。

ヘーゲル　ドイツ観念論の体系的確立者ヘーゲル（一七七〇〜一八三一）は、十九世紀ドイツの最大のローマ史家モムゼンと同様カエサル側に立ち、キケローへの点数は辛い。とは言えヘーゲルは、キケローの懐疑主義を、『神々の本性について』に示されたキケローの神々の系図や複数性の所説に関して高く賞讃する。かつキケローの哲学が豊かな経験から生じ、人間的状況に対する知性のある注釈を提供していることを認めている。

しかしキケローには、国家は個人の権利を擁護するためにある（キケローは私有財産の保護を国家の重要な任務とした）と捉えられているが、ヘーゲルの国家は絶対精神（神の意向）の実現である。共和政ローマを死守せんとしたキケローは、プロイセン中心の統一ドイツ国家の建立を待ち望み、王政を最高統治体としたヘーゲルとは政治哲学的に異なる道を行ったことは間違いない。とは言え、キケローは「ローマのヘーゲル」である。キケローの視圏は政治的現実にヘーゲル並みの冴えを見せているからである。

ジョン＝スチュアート＝ミル

近代自由主義の哲学を樹立したミル（一八〇六～七三）には、キケローの大きな影響が見られる。彼の『自由論』は、「大衆の僭主制」が洞察され、この叙述はキケローが、ローマ政治において民衆の不満や過度の要求を扇動して国家を揺さぶった護民官制度を批判したことと通底している。

ミルは先の『自由論』で、個人の生活へ国家は最小限の干渉しかすべきでないことを主張している。ここでの個人とは、真理を知ることへの接近という精神的開化を最高の喜びとする知的エリートのことで、キケローの抱いた個人の観念と同一であると言ってよい。『代議制統治論』は、キケローの政治哲学から大いに支援されて書かれている。特に国家が進歩するための最もよい保障は国民諸階層の力の均衡にあるという考えは、キケローの混合政体擁護に拠っていよう。

ミルは、「キケローの哲学著作はとても楽しい読み物だが、私は彼の演説集や書簡集のほうがもっと好きだ」という言葉も残している。

そして、キケローがプラトンやアリストテレスの国家哲学とは違って、国家の任務を国民の財産の保護にも求めていることが、ミルの共感を呼んだ。

ローマ人の経験へ目を向けること、つまりローマ人の持ち得た現実や歴史の視界に心を開くことによって、社会科学の芽が出たと言ってすらよい。ここのところはミルを超えて、マックス＝ウェーバー（一八六四～一九二〇）に担われている。

反キケロー――モムゼンとカルコピーノ――　ここで取り上げる二人はキケロー酷評の二支柱を成す。しかしこの二人の強烈な反キケローがあったればこそ、今日のキケロー再評価が出てきたとも言える。その意味でこの二人を取り上げる。テオドール＝モムゼン（一八一七～一九〇三）は、十九世紀ドイツの生んだ最大のローマ史家であり、『ローマ史』、『ローマ国法史』の大著は十九世紀歴史学の金字塔ですらある。後にノーベル文学賞にも輝いたこの碩学は、キケロー酷評の山岳を形造った。彼に言わせるとキケローは、際限のない利己主義者、明確な政治思想のプログラムもない政治家、政治的風見鶏、思想のない弁論家、その文体においては単なるジャーナリスト（時論家）と罵倒されている。このキケロー像は彼の先達で保守主義者の歴史家ドゥルーマンにも貫かれている。

十九世紀初頭よりドイツ史学界のキケロー批判の大合唱、そしてそれに哲学者も一枚加わってのドイツ精神史におけるキケロー貶視を前にして、私はニーチェの『反時代的考察』（第一巻「告白者、著作家、ダヴィット＝シュトラウス」）のことばを思わざるを得ない。それは以下の文である。「我々ドイツ人は昨日生まれたばかりである。我々はなるほど一世紀の間、全く力強く文化を育ててきた。だがしかし我々国民の間に洗練された魂と高められた文化が浸透し、一般に彼等について、彼等が野蛮人であったのは遠い昔であった、と言い得るには、なお数百年を要するであろう」（訳文は高坂正顕『キエルケゴールよりサルトルへ』　強調は角田）。

モムゼンの影響は二十世紀にまで及んでいる。これがいかに歪んだものであるかを初めて説いたのは古典学者ハインツであった。モムゼンからキケローを救うことは、二十世紀半ばフランス、イタリア、イギリス、アメリカそしてポーランドのキケロー研究者によって次々と始められた。

ところが一九四七年にフランスのカルコピーノは、『キケローの書簡の秘密』二巻本で、先のモムゼン以上のキケロー批判を打ち上げる。この著作で彼は次のようなキケロー像を出す。彼はモムゼンとは違って、キケローの私人としてのあり方にまで痛罵を広げている。「金持ちになった執政官」、「欲張りすぎた夫」、「子供に全く関心を寄せない父親」、「迎合的すぎる義父」、「主義主張のない空論家」、「病的な虚栄心」、「ほら吹きかつ臆病」、「悪意と陰険」とそれは続けられる。

しかしモムゼンやカルコピーノのキケロー像が、ローマの当時の状況、ローマの元老院議員や高級政務官のあり方を曇りない眼では見ていない感情的発言であることは、今日ではすでにはっきりしている。特にポーランドの学者クマニエキーの小さな論文（「キケロー、人間―政治家―著述家」一九五八）は、キケローの真の姿、その独創的偉大さ、人間的寛恕《かんじょ》を捉えた必読の書である。

しかし先述したように、モムゼンそしてカルコピーノの間違ったキケロー像が一方においてあることによってこそ、その後のキケロー研究は前進し花開いたのである。

マルクス

『経済学批判』と『資本論』でイギリス近代経済学を「打倒」したカール＝マルクス（一八一八〜九三）は、ローマ共和政の細やかな研究もおこなった。特にローマ農業史研究は、同じくマックス゠ウェーバーのローマ農業史と共に、今日再度我々は繙《ひもと》くべきである。マルクスはローマの私有財産論も問題としており、ここにキケローの『義務について』と関わる問いがある。マルクスのローマ史に関する知識は並々ならないものがあり、彼とキケローの比較研究も今後為されるべきであろう。

オルテガ゠イ゠ガセット　二十世紀の哲学者でキケローを最もよく読み、キケローを自らの思想形成に結びつけたのは、ホセ゠オルテガ゠イ゠ガセット（一八八三〜一九五五）と、ハンナ゠アーレント（一九〇六〜七五）であろう。両者のキケロー景仰《けいこう》は驚くほどである。ここではオルテガのみを取り上げる。

オルテガはスペイン最大の哲学者である。彼は『大衆の反乱』（一九二九年）で、今世紀の特質と危機を大衆社会の出現とした。大衆社会は人間の水平化、飽くことのない欲望、技術革新の果てしない追求、現実にのみ視野が限定されていることを特色とし、文化や伝統の一貫性を守ろうとしない。キケローは、ローマが、民衆の「パンとサーカス」の要求とそれを実現し甘えさせる独裁者の懐柔策によって、次第に共和政体を危うくしてゆくことを幾度も述べているが、ここにオルテガの主張は通じている。そして我々の現代社会の動向は、ローマの共和政の弔鐘が鳴り響いている時代に驚くほど似ている。

キケローは、社会の存続はある価値基準に従うことと、それぞれの本分を全うする責務にかかっていることを力説したのであるが、オルテガもこれと軌を一にしている。

またオルテガは、ヨーロッパ人はローマ史からもっと学ぶべきことを勧告している。その際彼は、歴史家キケロー、歴史哲学者キケローに想像以上に依拠していることも言い添えておく。「人間が洗練された魂と高められた文化」（ニーチェ）をもつことこそが、経済の「客観的」な時代構造や階級闘争で歴史を説明するマルクス主義的考察にしがみつくこと以上に、今日大切である。マルクス以上にキケローを読むべきである。「精神のない専門人」、「心のない享楽人」（マックス＝ウェーバー）の闊歩する現代にとって、「幾度もキケローの名を！」である。

ヨーロッパ精神史を真に深く問うには、プラトン、アリストテレスのみならず、キケローの著作との誠実な対話が欠かせないのである。スイス最大のギリシア哲学・ローマ哲学の研究者ギゴンは、「（キケローの師でもあった）ピロンやアンティオコスやポセイドニオスの作品が残っていても、もしキケローの哲学作品が失なわれていたなら、西欧の精神史にとって、いかなるカタストローフが生じたか」とすら言っている。さらに私は言いたい。西欧精神史の源泉はホメロスであり、その彫琢はプラトンであるにせよ、歴史の各時代にその時代を開路した力はキケローのものであった、と。このローマ最大の教養人にして体系的哲学者は詩文、弁論、歴史哲学研究をこの上なく華麗に統合したのである。

七　日本におけるキケローの重要性

キケローは、我が日本の哲学と政治の二領域でこれからもっと読まれ、研究され、活かされなければならない。キケローと居住まいを正して対面し、キケローを通して改めて哲学とは何か、何であるべきか、そして政治とは何であるべきかを我々は問わねばならない。ソクラテス、プラトン、アリストテレスに偏したギリシア哲学中心の古代哲学研究に甘んじていてはならない。キケローそしてヘレニズムの諸哲学は、二十一世紀のグローバリゼーションと混迷の打開にとって力強い「味方」となろう。今日哲学について改めて、哲学は弁論（雄弁）と結びつくべきこと、国家政治という公共空間に哲学が積極的に視線を向けることが、キケローを介して主体的（我が身の）問題とならなければならない。政治に関しては、国家とは何かを、キケローの時代にはない地球的世界、地球的国際関係というグローバルな展望の中で再考しなければならない。かつ国民が、政治的空間・活動としての空間（アーレント）へ参加することとはどういうことかをキケローに沈潜して考えなければならない。

プラトン、アリストテレスの政治哲学はそれなりに日本でも著作や論文が出ているが、キケローの政治哲学を追考することによって、プラトン、アリストテレスの政治哲学に関する理解や研究が一層深まり、具体化し、厚みを帯びるのは間違いないところである。

それとあわせて、我々はギリシア哲学偏重の学風を打ち破り、ローマ哲学そしてヘレニズム期の四つの学派の研究にこれまで以上に心をこめて向かわなければならない。

私自身はこれだけではなく、さらにローマ政治史、ローマ法制史、ローマ農業史を、これらを包む精神史的問いで追考してゆく決意である。

次に政治についてである。政治は社会の改善、現状の打開を特に国の経済的繁栄と安定を軸として目指すものである。現実の政治では、官僚という政策立案のプロが基本的かつ実質的に政治の操舵を握っている。政治空間の創出とは競い合う弁論の現出であり、私はアーレントの『人間の条件』に政治の活性化の鍵があるように思っている。彼女はまたローマの政治史、ローマの国家制度そしてキケローの哲学（単にその政治哲学だけでなく）に実によく通じている。

現代の日本の政治は対抗的・競闘的《アゴーン》元気さがない。真に政治哲学的な論戦がない。政治家の演説は官僚・事務方の作文の棒読みかそれに近いものである。目のさめるような雄弁が全く今の国会には存在しない。「政治家よ、キケローと共に雄弁に心を配り、出直せ」と私は言いたい。と同時に、キケローは自分の弁論（雄弁）の誕生の場は哲学であったと述懐していることも、政治家は踏まえるべきである。大政治家キケローにとって哲学は、間奏《インテルメッツォ》曲でも閑暇の一駒でもなかった。哲学することが政治の渦中にあるキケローの常なる支えであった。ここが日本の政治家には「高嶺の花」でしかないであろう。それではしかし困るのである。

大学では教養部が消え、かつ教養科目がどんどん切り崩されている現在、この我が国の文教政策は経済界の要望を反映したもの、それを無批判に認めたものでしかないように思われる。バブル経済こそ残念ながら日本社会を貫く構造である。しかしまた日本の教養教育は滅ぶべくして滅んだと私は診断している。教養の深みを担当者自身が身につけていなかったからである。教養課程の教授たちは単なるノウハウ、知識の情報的切片を「教えて」きたからである（もっとも専門課程の教授たちも然り）。大学教育に哲学そして雄弁（言論的競闘《アゴーン》）が今こそ必要である。

キケローが弁論のために広い教養《アルス》が不可欠であると言っていること、そして弁論はことばを有しそれを磨くことのできる動物たる人間の生命そのものであり、弁論こそ人間形成であると続けていることを、物言わぬ民族ないしは口べた民族たる我が日本人は真剣に考えなければならない。情報言語を超えた語ることを問うことが人格の深さを築くことを、我々はキケローから学ばなければならない。

二十一世紀の日本は、キケローとの対話から国の政治の活性化と哲学の瑞々しい泉を見出すべきではなかろうか。弁論（修辞）と哲学との結合、政治という世界、単に経済や社会と違う領域への哲学の積極的参入を、日本の哲学は本腰を入れて目指すべきである。

キケローはこれまで日本人に最も縁遠い苦手の哲学者であった。ここに巣くっている偏見を破らないかぎり、我が国の哲学は依然として社会性のあるものにならないであろう。

あとがき

元来ギリシア哲学専攻でプラトンやアリストテレスばかり読み、考え、書いてきた私は、一方においてハイデガーのギリシア哲学の掘り起こしの奏でる音調に強く魅せられてきた。キケローへの道は極めて長かった。十八年前ドイツ‐テュービンゲン大学へプラトンとアリストテレスを学びに出掛けたとき、古典文献学の図書室で、「序《つい》でに」キケロー文献の書棚を覗くことが数回あったが、それらを読まねばという気持ちが全く湧いてこなかった。

昨年ニーチェを調べにスイスに約二ヵ月滞在した折、足を延ばして再度テュービンゲンを訪れ、先の古典学の図書室へ入り、改めてキケローの書架の前に立った。するとどうだろう。五百～六百冊程の研究文献のほとんどが私の所蔵本となっていたり、或いは既知のタイトルのものばかりであった。ここ五年間私はキケローに研究の基軸を据えて原書と関連文献を読み、ノートを作り、論文を草してきた。すでに十篇以上の拙稿が活字となっており、また岩波書店のキケロー著作集の月報にも拙文が載ることとなった。目下私は長編のキケローの宗教哲学に集中している。

キケローはヨーロッパでも日本でも強い偏見で遇されてき、今でも我が国の西洋古代哲学の徒は九〇パーセント以上ひたすらギリシア哲学のなかでのみ動いている。キケローはヨーロッパの哲学史景観のささやかな点景人物でしかなかった。私にとっても数年前まではキケローはその域を出なかった。しかし、数年間キケローの原典そしてキケローの研究書と密なる縁《えにし》を結ぶことによって、キケローの偉大な人間性、平衡感覚に貫かれた広い理解力、哲学と弁論（他人に高邁な真理をことば豊かに伝えること）を結ぶ驚くべき架橋努力に、次第に眼から鱗《うろこ》が落ちる思いになっていった。

哲学はよく生きること、しかも現実をよく見て考えること、根無し草的に流行に過敏に動かされることなく、文化や歴史を開削し、自己形成の養分を得ることを心掛けねばならない。そしてこのためにはキケローとの対話こそが不可欠なのだと、私は声を大にして言いたい。

キケローはヨーロッパのヒューマニズムをホメロスとプラトンと共に築きかつ支える巨人である。現代の日本の哲学研究者は、ヒューマニズムを悪しき意味で人間中心主義と安易に色づけ、日本の古代や中世、また江戸文化に、さらに中国の種々の自然思想そして禅宗教へ「帰還する」傾向がますます強まっている。科学の技術化、そしてハイテクノロジーによる環境の悪化から人間らしい生活を取り戻すには、脱ヒューマニズムを当然主張すべしという大合唱が哲学者やまた科学者によっても謳われている。

しかし我々は風格のある心豊かな自己の確立を求めてこそ、環境の変化へ立ち向かうことが真にできるのである。しかも二十一世紀は高度高齢化社会の到来である。いかに老いを迎え、老いと相対し、死を見つめるかが今日最も大切な生き方である。

既述したが、キケローの『老年について』は、成熟したものは大地へ落ちること（＝還ること）、ぶどうの実もすばらしいが大地というぶどうを育む自然もまたすばらしい旨が書かれている。我々はぶどうのように見苦しくない美しい人生を送り、自らを育ててくれた大地に還ることを静かに思うべきである。この作品はまた生の高貴化・精神化すら示している。

私はニーチェ、リルケ、ヘッセのスイスの日々を背景とした景観（風景）思索＝詩作に心をときめかせ、すでに三冊景観哲学論を書いてきた。本年はその第三弾『景観哲学への歩み――景観・環境・聖なるものの思索――』を公刊した。本著出版直前にキケローの『老年について』を偶々《たまたま》読み、心中深く思ったのは、キケローのヒューマニズムは決して人間中心主義などではなく、清らかに自然と共鳴し合い、自然に従って、落ち着いた心豊かな生を軸としたものであるということである。

キケローにはいろいろな顔がある。本著では政治家、政治哲学・法哲学者、ギリシア‐ヘレニズム期哲学の学説の批判的姿勢に貫かれた哲学史家、ローマ国政史に関して見事な叙述をした歴史家、哲学的弁論家、こういうアスペクトから捉えた。

しかし、キケローの理解には、手紙と政治演説（元老院）、弁護演説（法廷）の精読を怠ることはできない。ローマのプラトンたるキケローは、プラトンと違って自己を率直に、しかも大いに語った。演説集と書簡集はキケローの繊細な感能性と高い心を包み隠すことなく開陳している。精神的生、自己告白、思想、計画、希望、苦悩がありありと示されている。キケローの懐は実に深い。

本著は私のキケロー研究の第一歩でしかない。来年度には、キケローにおける哲学と政治の緊迫した関係を『キケローにおける哲学と政治』というタイトルのもと、世に問うことができよう。そして間接的に私の政治哲学を叙したい。そこでは歴史哲学的政治哲学を構想している。そして「非歴史的政治哲学の無益さ」（政治哲学者レオ＝シュトラウス）を私なりに打ち上げたいのである。キケローを学ぶことによって、私は自分が本来の専門とするプラトン、アリストテレスが前よりもよく見え、かえって一層微細かつ味わい深く私の関心を呼ぶものになってきた思いである。

情報革命の現代、我々はことばを磨くこと、ことばによる自己形成を忘れがちである。しかしこのことにこそしっかり向かうべきである。この決意がなければ環境革命という難事に相対することも実は不可能ですらある。ここで私は、ことば（書くこと）を介して孤独と政治を結んだルソーを想う。

そして「ローマは何故滅んだか」という設問と共に、「ローマは（ギリシアと違って）なぜ栄え長命を保ち得たか」をさらに「ローマはなぜヨーロッパの文化、文学、演劇そして学問を支えているか」を我々は心をこめて考えなければならない。

なお本著「序文」執筆時はお元気でいらした、東京教育大学名誉教授小牧治先生が昨年お亡くなりになった。共著執筆に二回加えていただいたり、その他学問上何かとお世話になった先生に本著を捧げたい。

二〇〇一年三月九日　相模大野の寓居にて

角田幸彦

キケロー年譜（関係事項を含む）

西暦	年齢	事項
前一〇六	0	一月三日、マルクス＝トゥッリウス＝キケロー (Marcus Tullius Cicero)、騎士階級の同名の父とその妻ヘルウィアの長男として、ローマ南東約一〇〇キロのアルピーヌムに生まれる。
前九七	9	ローマ市内の別邸に、父は弟クゥィントゥスとともにキケローを連れて転居。
前九一	15	ト占官の老スカエウォラから法律（特に私法）を学ぶ。当代の二人の雄弁家マルクス＝アントニウスとルキウス＝クラッススの演説を聴いたらしい。
前八九	17	軍務につく。
前八八	18	先のスカエウォラが亡くなり、その従兄弟《いとこ》のスカエウォラから法律を学ぶ。アカデメイアの学頭ピロンがローマへ来、彼の講義を聴く。弁論術の大家アポロニオス＝モロンもローマに来、キケローは知り合う。
前八七か八六	19か20	弁論術の処女作『題材の発見について』公刊。
前八五頃	21頃	ストア派の盲目の哲学者ディオドロスから教わる。この頃クセノフォンの『家政論（オイコノミコス）』を、ギリシア語からラテン語に訳す。
前八一	25	弁護士としての初舞台を踏み、プブリウス＝クゥィンクティウスの弁護に立つ。

前八〇	26	ロスキウスという若者が無実で訴えられた裁判の弁護を引き受け、勝訴。キケローの雄弁はローマに轟いた。
前七九(?)	27(?)	富裕な家の娘テレンティアと結婚。
前七九〜七七	27〜29	アテナイ、ロドス、小アジアへ遊学。アテナイではアカデメイア派のアンティオコス、エピクロス派のゼノンの講義を聴く。ロドスでは、アポロニオス＝モロンと再会し、大きな影響を受ける。ロドスではさらにストア派のポセイドニオスから教わった。
前七八	28	長女トゥッリア生まれる。
前七七	29	ローマへ帰国。
前七五	31	財務官《クアエストル》に選出される。西シキリアへ総督代理として派遣される。
前六九	37	按察官《アエディーリス》に選ばれる。
前六七	39	アッティクスとの手紙の交換始まる。
前六六	40	法務官《プラエトル》に選出される。
前六四	42	長男マルクス誕生。キケロー執政官《コンスル》に最初の立候補で選出される。
前六三	43	執政官を務める。ガイウス＝オクタウィウス（後の「アウグストゥス」）生まれる。カティリーナの陰謀。十二月五日、カティリーナの一味五人にキケローは死刑を執行。裁判なしの執政官非常時大権の行使が、後にキケローの一時出国を招くこととなる。キケローはカトーや元老院貴族派から「祖国の父」と呼ば

		れた。
前六二	44	キケローの弟クゥィントゥス法務官となる。逃走したカティリーナの敗北と死。ポンペイウスがアジアを平定し帰国。カエサルの邸宅でのボナ＝ディアの醜聞《スキャンダル》をクロディウス起こす。
前六一	45	クロディウス、瀆神罪で訴えられたが、無罪となる。弟クゥィントゥス属州総督としてアシアへ赴任（〜前五八年）。
前六〇	46	ポンペイウス、クラッスス、カエサルの三頭支配（第一次三頭政治）が成立。
前五九	47	カエサル執政官となる。クロディウス、護民官となる。
前五八	48	キケロー、クロディウスによってカティリーナ事件の処置が不当として訴えられ、ローマを脱出。カエサルはガリアへ。カエサル、ヘルウェーティイ族（今日のスイスに住んでいた種族）を打ち負かす。
前五七	49	キケロー、ローマに帰ることができる。
前五六	50	北イタリアのルカで先の三者の会談があり、三頭支配が力を増す。キケローはなんとかそれを切り崩そうと試みる。
前五五	51	ポンペイウスとクラッスス、二度目の執政官となる。キケロー『弁論家について』（以下、キケロー省略し、著作名のみ記す）が完成する。
前五四	52	『国家について』をおそらくこの年書き始めた。
前五三	53	キケロー、卜占官となる。

前五二	54	『法律について』の執筆開始。ポンペイウス単独執政官となる。クロディウス殺される。
前五一	55	『国家について』完成。キリキアの総督となり赴任。
前五〇	56	キリキア総督の任期満了。帰国。カエサルとポンペイウスの対立激化。
前四九	57	カエサル、ルビコン河を軍を率いて渡る。内乱（市民戦争）勃発。キケローはポンペイウス軍に参加する。秋、カエサル十一日間独裁官となる。
前四八	58	カエサル、八月九日パルサロスでポンペイウスに勝利する。ポンペイウスは逃げのびたエジプトで殺される。キケロー、ブリンディシウムに十一ヵ月とどまり、カエサルの出方を待つ。秋、カエサル一年間の独裁官に選ばれる。
前四七	59	カエサル、エジプト、シリア、小アジアを転戦。九月にイタリアへ帰る。キケローを温かく迎え、赦免する。
前四六	60	カエサルがタプソスで勝利。カトーはウティカで自殺。『ブルートゥス』、『ストア派のパラドックス』、『弁論家』が完成。夏にテレンティアと離婚し、年末に四十五歳年下のプブリリアと結婚。数ヵ月で再び離婚。カエサル十年間の独裁官に任ぜられる。
前四五	61	カエサルはムンダでポンペイウスの息子たちとの戦いに勝つ。娘トゥッリアの死。『アカデミカ』、『善と悪の究極について』『トゥスクルム荘対談集』、『神々の本性について』が完成。

		カエサル、モンダの戦いでポンペイウスの二人の息子に勝利する。キケローはカエサルを「王」と呼ぶ。
前四四	62	二月、カエサル終身独裁官となる。三月十五日、ブルートゥスらがカエサルを暗殺する。同僚のマルクス＝アントニウスが単独執政官となる。キケロー、このアントニウスと激突。キケロー、『ピリッピカ』と呼ばれる弾劾演説を次々とおこなう。『老年について、または大カトー』、『予言について』、『友情について、またはラエリウス』、『宿命について』、『義務について』が完成。キケローは、国家の非公式（＝実質的）指導者となる。
前四三	63	オクタウィアヌスがアントニウスとレピドゥスと協力体制をとる（第二次三頭政治）。キケロー、十二月七日アントニウスの手先に殺害される。

参 考 文 献

F. E. Adcock : Caesar als Schriftsteller, Göttingen 1955.
A. Alföldi : Oktavians Aufstieg zur Macht, Bonn 1976.
J. Annas a. J. Barnes (ed.) : Sextus Empiricus. Outline of Scepticism, Cambridge 2000.
H. Bellen : Grundzüge der römischen Geschichte, Darmstadt 1995².
E. Berti : Il "De re publica" di Cicerone e il Pensiero politico classico, Padova 1963.
J. Bleicken : Geschichte der römischen Republik, München 1999.
G. Boissier : Cicéron et ses Amis. Étude sur la societé romaine du temps de César, Paris 1884.
K. Bringmann : Untersuchungen zum späten Cicero, Göttigen 1971.
K. Büchner : M. Tullius Cicero DE RE PUBLICA Kommentar, Heidelberg 1984.
: Die römische Republik im römischen Staatsdenken, Freiburg 1947 (=abgedr. in ; Römertum, (hrsg.) H. Oppermann, Darmstadt 1970, 66–86)
: Der Tyrann und sein Gegenbild in Ciceros 'Staat', in ; Hermes 80 (1952), 343–371 (=ders., die Studien zur römischen Literatur II : Cicero, Wiesbaden 1962, 116–140)
: Humanum und humanitas in der römischen Welt, in ; Studium Generale 14 (1961), 636–646 (=ders., die Studien zur römischen Literatur V:Vom Bildungswert des Lateinischen,

Wiesbaden 1965, 47-65)
: Das Somnium Sciponis und sein Zeitbezug, in ; Gymnasium 69 (1962), 220-241 (=ders., die Studien zur rö. Li. II : Cicero, Wiesbaden 1962, 148-172)
: Cicero. Bestand und Wandel seiner geistigen Welt, Heidelberg 1964.
L. Canfora : Caesar, der demokratische Diktator. Eine Biographie Aus dem Ital. ins. Dt. übertr. von R.Seuβ, München 2001.
J. Carcopino : Les secrets de la correspondance de Cicéron 2 vol., Paris 1947.
K. Christ : Römische Geschichte und deutsche Geschichtswissenschaft, München 1982.
: Krise und Untergang der römischen Republik, Darmstadt 1993³.
C. J. Classen : Recht-Rhetorik-Politik. Untersuchungen zu Ciceros rhetorischer Strategie, Darmstadt 1985.
H. Diehl : Sulla und seine Zeit im Urteil Ciceros, Hildesheim/Zürich/New York 1988.
F. Dieter : Die Gesetze der frühen römischen Republik, Darmstadt 1994.
J. M. Dillon and A. A. Long (ed.) : The Question of "Eclecticism", Berkeley 1988.
A. R. Dyck : A Commentary on Cicero, De officiis, Michigan 1996.
M. Erler : Römische Philosophie, in ; F.Graf (hrsg.) : Einleitung in die lateinische Philologie, Stuttgart 1997.
H. Eulenberg : Cicero. Der Rechtanwalt, Redner, Denker und Staatsmann, Berlin 1932.
W. W. Ewbank : The Poems of Cicero, Bristol 1933.

D. Flach : Römische Geschichtsschreibung, Darmstadt 1998^{3}

H. Flashar (hrsg.) : Die hellenistische Philosophie 2 Bde, Basel 1994.

M. Fleck : Cicero als Historiker, Stuttgart 1993.

W. W. Fortenbangh and P. Steinmetz (ed.) : Cicero's Knowledge of the Peripatos, New Brunswick and London 1989.

M. Fuhrmann : Cicero und die römische Republik, München/Zürich 1991.

: Die antike Rhetorik, Zürich 1995.

R. Gartenschläger : Voltaires Cicero-Bild. Versuch einer Bestimmung von Voltaires humanistischem Verhältnis zu Cicero, Marburg 1968.

M. Gelzer : Caesar. Der Politiker und Staatsmann, Wiesbaden 1912.

: Cicero als Politiker, in ; Paulys Realenzyklopädie der classischen Altertumswissenschaft (以下 Paul Wissowa RE.と略記) Bd. VII, A 1, München 1939.

: Vom römischen Staat 2 Bände, Leipzig 1943.

: Pompeius, München 1949.

: Cicero. Ein biographischer Versuch, Wiesbaden 1969. (1983).

M. Giebel : Cicero, Rowohlt, Hamburg 1977.

E. Gilson : Éloquence et Sagesse chez Cicéron, in ; Phoenix 7 (1953).

A. Goedeckemeyer : Die Geschichte des Griechischen Skeptizismus, Leipzig 1905.

W. Görler : Untersuchungen zu Ciceros Philosophie, München 1990^{5}.

J. Graff : Ciceros Selbstauffassung, Heidelberg 1963.
P. Grimal : Cicéron, Paris 1986.（高田康成訳「キケロ」白水社［文庫クセジュ］１９９４）
Ch. Habicht : Cicero, Der Politiker, München 1990.（長谷川博隆訳『政治家キケロ』岩波書店　１９７７）
A. Haltenhoff : Kritik der akademischen Skepsis, Frankfurt a. M., u. a. 1998.
N. G. L. Hammond a. H. H. Scullard(ed.) : The Oxford Classical Dictionary, Oxford 1970.
長谷川博隆『カエサル』（講談社学術文庫）講談社　１９９４
H. B. Heinz : Grundzüge der römischen Geschichte I. II. Darmstadt 1995^{2}.
R. Hirzel : Untersuchungen zu Ciceros philosophische Schriften 3 Bde, Leipzig 1877/83.
H. Homeyer : Die antiken Berichte über den Tod Ciceros und ihre Quellen, Baden-Baden 1964.
M. Hugo : Handlexikon zu Cicero, Darmstadt 1997.
J. Humbert, Les plaidoyers écrits et les plaidoires réelles de Cicéron, Paris 1925.
鹿野治助『ストア哲学の研究』創文社　１９６７
D. Kienast : Cato der Zensor, seine Persönlichkeit und seine Welt, Darmstadt 1979.
J. Klass : Cicero und Caesar, Berlin 1938.
F. Klinger : Römische Geisteswelt, Stuttgart 1950.
P. Koschaker : Europa und das römische Recht, München und Berlin 1966^{4}.
H. J. Krämer : Platonismus und hellenistische Philosophie, Berlin 1971.
W. Kroll : Cicero, Rhetorische Schriften, in ; Paul Wissowa RE. Bd. Ⅶ, A 1, München 1939.
K. Kumaniecki : Cicero, Mensch-Politiker-Schriftsteller, in ; K. Büchner (hrsg.) : Das Neue Cicerobild,

Darmstadt 1971.
A. A. Long : Hellenistic Philosophy. Stoics, Epicureans, Sceptics, London 1986.
P. MacKendrick : The Philosophical Books of Cicero, London 1989.
M. Maffii : Cicero und seine Zeit (aus dem italienischen Übertragen von Anton Zahorsky), Erlenbach/Zürich 1943.
T. Maslowski : The Chronology of Cicero's Anti-Epicureanism, in ; Eos LXII (1974).
: Cicero, Philodemus, Lucretius, in ; Eos LXVI (1978).
G. Maurach : Geschichte der römischen Philosophie. Eine Einführung, Darmstadt 1989.
J. M. May : Trials of Character, the Eloquence of Ciceronian Ethos, Chapel Hill and London 1986.
Ch. Meier : Res Publica Amissa, Wiesbaden 1966.
H. Merklin (übers. u. hrsg.) : Marcus Tullius Cicero. De oratore. Über den Redner, Stuttgart 1991.
Ph. Merlan : Studies in Epicurus and Aristotles, Wiesbaden 1960.
E. Meyer : Caesars Monarchie und das Principat des Pompejus, Stuttgart u. Berlin 1922.
: Römischer Staat und Staatsgedanke, Zürich/Stuttgart 1964^{3}. (鈴木一州訳『ローマ人の国家と国家思想』岩波書店　１９７８)
T. Mommsen : Abriss des römischen Staatsrechts, (ND.) Darmstadt 1974.
P. F. Mourier : Cicéron. L'Avocat et la République, Paris 1990.
P. Muller : Cicéron. Un Philosophe pour notre Temps, Paris 1990.
F. Münzer : Römische Adelsparteien und Adelsfamilien, Stuttgart 1963.

D. Nardo : Il "Commentariolum petitionis". La propaganda elettorale nella "ars" di Quinto Cicerone, Padova 1970.

U. Ortmann : Cicero, Brutus und Octavian. Republikaner und Caesarianer, Bonn 1988.

T. Peterson : Cicero. A Biography, New York 1919[1]. (1963).

G. Pfligerdorffer : Politik und Muße. Zum Proömium und Einleitungsgespräch von Ciceros de re publica, München 1969.

P. Philippson : Cicero. Philosophische Schriften, in ; Paul Wissowa RE., München 1939.

V. Pöschl : Römischer Staat und griechisches Staatsdenken bei Cicero. Darmstadt 1962.

J. G. F. Powell (ed.) : Cicero the Philosopher, Oxford 1995.

G. Radke (hrsg.) : Cicero, ein Mensch seiner Zeit, Berlin 1968.

E. Rawson : Cicero. A Portrait, London 1975.

: Intellectual Life in the Late Roman Republic, London 1985.

Ch. Rowe a. M. Schofield : The Cambridge History of Greek and Roman Political Thought, Cambridge 2000.

W. Ruegg : Cicero-Orator Noster, in ; W. Ludwig (ed.) : Éloquence et Rhétorique chez Cicéron, Genève 1981.

J. Schmidt : Cicéron, Paris 1999.

G. Schoeck : Zeitgenosse Cicero, Zürich/München 1977.

: Geistgenosse Cicero, Ein Lebensbild aus Zeitgenössischen Quellen, Zürich 1977.

D. Shotter : The Fall of the Roman Republic, London a. New York 1994.
E. Schwartz : Charakterköpfe aus der Antike, Stuttgart 1902. (1943^{4}).
R. E. Smith : Cicero. The Statesman, Cambridge 1966.
F. Solmsen : Die Theorie der Staatsformen bei Cicero De re publica, in ; ders., Kleine Schriften II, 1968.
E. Spielvogel : Amicitia und res publica, Stuttgart 1993.
D. Stockton : Cicero. A Political Biography, Oxford 1971.
H. Strasburger : Nobiles, in ; Paul Wissowa RE. Bd. XVII, 1, München 1936.
: Optimates, in ; Paul Wissowa RE. Bd. XVIII, 1, München 1939.
: Novus homo, in ; Paul Wissowa RE. Bd. XVII, München 1936.
: Concordia Ordinum. Eine Untersuchung zur Politik Ciceros, 1931^{1}, Amsterdam 1956.
: hrsg. von Gisela Strasburger. Ciceros philosophisches Spätwerk als Aufruf gegen die Herrschaft Caesars, Hildesheim 1990.
R. Syme : The Roman Revolution, Oxford 1939. (1960).
高田康成『キケロ—ヨーロッパの知的伝統—』［岩波新書］岩波書店　１９９９
H. Tarrant : Scepticism or Platonism? The Philosophy of the Fourth Academies, Cambridge 1985.
M. van den Bruwaene : La théologie de Cicéron, Louvain 1937.
: Études sur Cicéron, Bruxelles 1946.
E. Voegelin : The New Science of Politics, An Introduction, Chicago 1952.

A. Weische : Cicero und die neue Akademie, Münster 1975.
L. Wickert : Theodor Mommsen, Eine Biographie 4 Bde, Frankfurt a. M. 1959.
W. Will : Der römische Mob, soziale Konflikt in der späten Repblik, Darmstadt 1991.
H. Willrich : Cicero und Caesar, Göttingen 1944.
N. Wood : Cicero's Social and Political Thought, Berkeley 1988.
Th. Zielinski : Cicero in Wandel der Jahrhunderte, Leipzig 1912.

●作品の翻訳

◆岩波書店『キケロー選集』

1　法廷・政治弁論Ⅰ（竹中康雄他訳）
2　法廷・政治弁論Ⅱ（谷栄一郎他訳）
3　カティリーナ弾劾　ピリッピカ
4　ウェッレース弾劾Ⅰ（大西英文・谷栄一郎・西村重雄訳）
5　ウェッレース弾劾Ⅱ
6　『発想論』、『弁論術の分析』（片山英男訳）
7　『弁論家について』（大西英文訳）
8　『国家について』、『法律について』（岡道男訳）
9　『大カトー・老年について』（中務哲郎訳）、『ラエリウス・友情について』（中務哲郎訳）、『義務について』（高橋宏幸訳）

10　『善と悪の究極について』（永田・兼利・岩崎訳）
11　『神々の本性について』（山下太郎訳）、『運命について』（五之治昌比呂訳）
12　トゥスクルム荘対談集
13　『アッティクス宛書簡集』（根本和子、川崎義和訳）
◆中央公論『世界の名著13』（編集／鹿野治助）
「スキピオの夢」水野有庸訳
「ストア派のパラドックス」中村善也訳
「法律について」中村善也訳
「運命について」水野有庸訳
◆『キケロ　老年の豊かさについて』八木誠一・八木綾子訳　法蔵館　一九九九
◆プルタルコス『キケロ伝』（風間喜代三訳）、『英雄伝』下（村川堅太郎編）ちくま学芸文庫　一九九六

さくいん

◆注……「人名」さくいん中にⒶⒷⒸと付してあるのは同名異人です。当該人物の詳細は、二九六頁に一覧表にして掲載してあります。

【人名】

【事　項】

◆
アントニウスⒶ＝（マルクス＝アントニウス、キケローの政敵の祖父、大弁論家）
アントニウスⒷ＝（ガイウス＝アントニウス、キケローの同僚執政官）
アントニウスⒸ＝（マルクス＝アントニウス、キケローの政敵）

◆
カッシウス＝ロンギヌスⒶ＝（カティリーナーの一味）
カッシウス＝ロンギヌスⒷ＝（カエサル支持の護民官）
カッシウス＝ロンギヌスⒸ＝（カエサル暗殺の首謀者）

◆
カトーⒶ＝（大カトー、小カトーの曾祖父）
カトーⒷ＝（小カトー）

◆
クラッススⒶ＝（有名な弁論家）
クラッススⒷ＝（三頭政治家）

◆
スカエウォラⒶ＝（大法律家）
スカエウォラⒷ＝（Ⓐの従兄弟、大法律家）

◆
スキピオ＝アフリカヌスⒶ＝（小スキピオ）
スキピオ＝アフリカヌスⒷ＝（大スキピオ）

◆
ゼノンⒶ＝（ストア派の開祖）
ゼノンⒷ＝（エピクロス派の哲学者）

◆
ディオゲネスⒶ＝（ストア派の政治家）
ディオゲネスⒷ＝（犬儒派）

◆
バルブスⒶ＝（カエサル派の政治家）
バルブスⒷ＝（ストア派の信奉者）

◆
ピソⒶ＝（前五八年の執政官）
ピソⒷ＝（前一三三年の執政官、大歴史家）

◆
ブルートゥスⒶ＝（マルクス＝ブルートゥス、カエサルの暗殺者）
ブルートゥスⒷ＝（デキムス＝ブルートゥス、元来カエサル派、後にカエサル暗殺の一味となる）

◆
ユリアⒶ＝（カエサルの叔母）
ユリアⒷ＝（カエサルの娘）
ユリアⒸ＝（カエサルの姉）

◆
ルフスⒶ＝（プブリウス＝スルピキウス＝ルフス）
ルフスⒷ＝（セルウィウス＝スルピキウス＝ルフス）

キケロー■人と思想173　　定価はカバーに表示

2001年12月1日　第1刷発行©
2014年9月10日　新装版第1刷発行©

・著　者　……………………………角田《かくた》　幸彦《ゆきひこ》
・発行者　……………………………渡部　哲治
・印刷所　……………………………図書印刷株式会社
・発行所　……………………………株式会社　清水書院

〒102-0072　東京都千代田区飯田橋3-11-6
Tel・03(5213)7151～7
振替口座・00130-3-5283
http://www.shimizushoin.co.jp

検印省略
落丁本・乱丁本はおとりかえします。

Century Books

Printed in Japan
ISBN978-4-389-42173-1

CenturyBooks

清水書院の〝センチュリーブックス〟発刊のことば

近年の科学技術の発達は、まことに目覚ましいものがあります。月世界への旅行も、近い将来のこととして、夢ではなくなりました。しかし、一方、人間性は疎外され、文化も、商品化されようとしていることも、否定できません。

いま、人間性の回復をはかり、先人の遺した偉大な文化を継承して、高貴な精神の城を守り、明日への創造に資することは、今世紀に生きる私たちの、重大な責務であると信じます。

私たちがここに、「センチュリーブックス」を刊行いたしますのは、人間形成期にある学生・生徒の諸君、職場にある若い世代に精神の糧を提供し、この責任の一端を果たしたいためであります。

ここに読者諸氏の豊かな人間性を讃えつつご愛読を願います。

一九六七年

清水雄六

SHIMIZU SHOIN

人と思想

●は未刊
＊は近刊

老　子	高橋　進
孔　子	内野熊一郎他
ソクラテス	中野　幸次
釈　迦	副島　正光
プラトン	中野　幸次
アリストテレス	堀田　彰
イエス	八木　誠一
親　鸞	古田　武彦
ルター	小牧　治 泉谷周三郎
カルヴァン	渡辺　信夫
デカルト	伊藤　勝彦
パスカル	小松　摂郎
ロック	浜林正夫他
ルソー	中里　良二
カント	小牧　治
ベンサム	山田　英世
ヘーゲル	澤田　章
J・S・ミル	菊川　忠夫
キルケゴール	工藤　綏夫
マルクス	小牧　治
福沢諭吉	鹿野　政直
ニーチェ	工藤　綏夫
J・デューイ	山田　英世
フロイト	鈴村　金彌
内村鑑三	関根　正雄
ロマン=ロラン	村上　嘉隆 村上　益子
孫　文	横山　英 中山　義弘
ガンジー	坂本　徳松
レーニン	中野　徹三 高岡健次郎
ラッセル	金子　光男
シュバイツァー	泉谷周三郎
ネルー	中村　平治
毛沢東	宇野　重昭
サルトル	村上　嘉隆
ハイデッガー	新井　恵雄
ヤスパース	宇都宮芳明
孟　子	加賀　栄治
荘　子	鈴木　修次
●アウグスティヌス	宮谷　宣史
トーマス=マン	村田　經和
シラー	内藤　克彦
道　元	山折　哲雄
ベーコン	石井　栄一
マザーテレサ	和田　町子
中江藤樹	渡部　武
ブルトマン	笠井　恵二
本居宣長	本山　幸彦
佐久間象山	奈良本辰也 左方　郁子
●安藤昌益	三宅　正彦
田中正造	布川　清司
幸徳秋水	絲屋　寿雄
スタンダール	鈴木昭一郎
和辻哲郎	小牧　治
マキアヴェリ	西村　貞二
河上　肇	山田　洸
アルチュセール	今村　仁司
杜　甫	鈴木　修次
スピノザ	工藤　喜作